その野菜くず捨てないで!

キッチンではじめる家庭菜園

ケイティ・エルザー・ピーターズ 著

岩田佳代子 訳

Cover Designer: Emily Weigel
Photography: Kirsten Boehmer, except where otherwise noted

目次

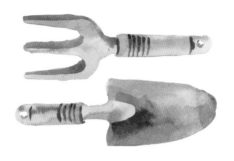

はじめに

IIIIIIIIIIIIIIIIIIIIIIIIIIIIIIIII

私たちの文化は、開拓期、そして２度の世界大戦時の節約や再利用に勤しんだライフスタイルから、戦後の便利で大量に消費するライフスタイルへと次第に変わっていきました。その結果、缶や瓶、ビニール袋といった大量のごみがでるようになってきたのです。けれどここ数年は、ごみを減らそうという方向に流れが変わってきています。雑誌や記事、書物、政治討論でもとりあげられているように、政治的にも社会的にも、「無駄をなくす」生活を目指す機運が高まってきています。実際にそういう生活をしている人はもちろんのこと、これは間違いなく私たち自身の問題でもあります。ちなみに最近は、創意工夫をこらして、年間にだすごみの総量をごみ袋１袋以下におさえている人たちもいます。

まあ、これを実際にやってくださいというのは、大半の人にとっては難しいでしょう。

けれど、大半の人が実際にできることもあります。日々の生活を見直し、再資源化（リサイクル）できたり、再利用（リユース）できるものを探してください。そして再生できるものも——これこそが本書のテーマです。

一度はじめれば、無駄を減らしたりなくしたりするライフスタイルが、ゲーム感覚で送れるようになるでしょう。しかもこのゲームには、具体的な結果もついてきます。年齢を問わず多くの消費者が、さまざまな理由で、それぞれの考えから、無駄のないライフスタイルをはじめています。「環境」に配慮し、地球を守らなければ、との考えから実践しだした人もいれば、自給自足の生活をやってみたい、そしていざというときに困らないようにしたい、という考えの人もいます。

どんな動機であれ、無駄のない生活をしてみたいなら、具体的な方法はたくさんありますから、簡単にはじめられます。

無駄のないライフスタイル

無駄のない消費生活をしている人たちがつねに心がけているのが、ごみを減らすこと、

節水、そして自宅や庭の緑化です。そのための方法はたくさんあります。まず買い物の際には、再資源化や再利用可能な箱や包装の品物を探しましょう。できれば、まとめ買いをしたり、無包装のものを購入します。庭のごみ（葉や小枝、雑草、刈りとった芝生）は埋めたりせず、自分で堆肥にしたり、自治体で堆肥をつくる計画がないか調べてください。

　ちょっとした工夫で、節水や、再利用の方法がいろいろと見えてきます。そしてそれが結局は大きな環境保全へとつながっていくのです。樋の先にバケツを置いておき、たまった水を鉢植えや花壇の植物にやりましょう。シャワーを浴びるときはいつも大きいバケツを用意し、お湯がでてくるまでただ流れるに任せていた水をためてください。観葉植物の水やりに使えます。パスタや野菜を茹でた湯は、調理後しっかり冷ましてから、外の植物にやりましょう。

　ガーデニングは「緑を生みだす」と当然のように考えられていますが、実はたくさんのごみも生みだしかねません。新しい苗の入ったプラスチックの容器、市販の腐葉土、化学肥料はいずれもごみのもとです。

キッチンからでる、ニンジンやタマネギ、レタスなどの野菜くずは再生できます。時間とお金の節約にもなり、ちょっとした楽しみも得られるでしょう！

ごみをださないガーデニングをするなら、まずは自宅の庭でできたバイオマス（木や花のごみ）をすべて再利用するところからはじめてください。小枝から雑草、刈りとった草、昨シーズン楽しんだ1年草まで、庭には有機物がたくさんあります。それを捨てずに、細かくして腐葉土にしたり、堆肥の山をつくって土の改良に使います。

　毎年、プラスチックの容器に入った新しい苗を買うかわりに、種から自分で育てる方法を学びましょう。互いに持ち寄った植物を交換する植物交換会への参加もおすすめです。古い鍋やヨーグルトのカップ、蓋がなくなったタッパーウェアの容器もみんな、株わけに使えます。何かを捨てる前に、再利用できないか考えてみてください。ファイリングキャビネットや古くなった手押し車、年代ものの家具を再利用すれば、一風変わった面白いコンテナガーデンがつくれます。年季の入った道具を活かせば、一味も二味も違う棚や支柱ができます。

　要するに無駄のない生活とは、必要なだけ調理して食べることですが、調理に使う材料をすべて生かしきることでもあるのです。青果物を調理する際、ちょっと気をつけてみてくださ

い。何もせずに、堆肥の山に加えてしまっているものがたくさんあるのではないでしょうか。

　というわけで！　今から、究極の無駄のない生活を目指していきましょう。キッチンからでるたくさんの野菜くずも、ただの堆肥の山にするのではなく、再生させることができるのです。さあ、無駄のない生活を極めましょう！

キッチンガーデニングで無駄をなくそう

　本書を手にとってくださったのは、堆肥にするしかないと思っていた食材の切れ端すら、なんとかして再利用できるようにするライフスタイルを送りたいから、ではないでしょうか。本書を読み終わったらもう、以前と同じ目で食料品店やファーマーズ・マーケットをのぞいたり、レシピ本を見たりすることはないでしょう。青果物を手にとるたびにまず思うはずです、「これ、再生できるかしら？」

　調理をする際、私たちがよく捨てている食材の部分は、なお一層の活用の可能性が——あくまでも可能性ですが——あるかもしれないのです。スープやサラダをつくったあとに残ったくずは、堆肥の山に放りこんでもかまいませんが、それを活用すれば、キッチンのカウンターから、あるいは自宅の周囲の小さな一画から、ほぼ完全な庭(ガーデン)を再生することができるのです。

　ほかにも、再生栽培をする理由はたくさんあります。

野菜くずを再生栽培する理由は？

節約できる　すべての野菜を再生すれば、本当に食費は減るでしょうか。答えは、あなたが何を食べるかと、どれだけ真剣に再生にとり組むかによります。再生可能なレタスを例に考えてみましょう。食料品店で1玉4ドルで売っている場合、まるまる1球再生できれば、最低でも4ドル節約できたことになります。

　新鮮なハーブは、料理にさまざまな香りを添えてくれますが、これも高価です。けれど幸い、ファーマーズ・マーケットで購入するハーブの根元などから、とても簡単に再生できます。

新鮮な食材がいつも手元にある　食糧貯蔵庫が充実していれば、買い物に行かなくても、手早く簡単においしい食事がつくれます。とはいえ仕あげに使うもの（たいていはハーブと野菜です）は、新鮮な方がずっと味がよくなるでしょう。そんなときも、窓台にきれいに並んですくすく育っている小さな再生野菜があれば、乾燥ハーブや乾燥野菜で妥協しなくていいのです。

キッチンのごみを減らせる　あなたはすでに堆肥をつくっていると思います。そうでなければ、1章で少し触れていますので読んでみてください。簡単ですし、ごみ処理にかかる費用も削減できます。さらに、庭で使える腐葉土もつくれ、すばらしく栄養価の高い

土壌に改良できるでしょう。活用できるところは再生し、残りは堆肥にしている人たちは、ごみ処理に無駄なお金をかけることはほとんどなく、埋立地にも最小限のごみしかだしていません。

自分の食料源を自分で管理する　近年、大腸菌の感染症といった、食物——それも、以前はまったく安全だと思われていたレタスのような食物に起因する病気が増えています。これは通常、市販されている食料品の生産に際して散布される化学肥料や、収穫時の処理に端を発しています。けれどこうした危険も、自分の食べるものを自宅のカウンターや庭で再生栽培していれば、まったくなくなるでしょう。食物の成長を、最初から最後まで自分で管理できるからです。

庭の植物にかけるお金を節約できる　キッチンの残り物を発根させて庭に植えれば、本格的に収穫できる植物に成長します。残り物をたくさん発根させれば、それだけ春に植える植物をわざわざ買わずにすむでしょう。

楽しめる！　堆肥の山やごみ処理場、あるいはごみ箱行きの運命だった植物の素材を選び、捨てるかわりに、自宅のカウンターや庭で豊かに成長する植物に変えるのは、非常にやりがいのある、面白いことです。成長観察で私が特に好きなのはニンジンの頭の部分——かわいいうえに、とてもおいしいのです。

子どもと一緒にやろう

　本書でとりあげているものはすべて、比較的簡単で、そのほとんどから面白い収穫ができるので、子どもが挑戦するのにぴったりです。これを機に子どもは、自分の食べているものがどうやってできるのかを学び、ちょっとした植物学や園芸学の知識も身につけるでしょう。理科の実験をしなければならないときも、植物なら、いつでも何でも大丈夫です。

本書の使い方

　本書の最初の章でとりあげるのは、キッチンのごみを再生するための基礎的な知識と方法です。ここを読めば、植物の部位や、食用ハーブと青果物の栽培サイクル、そして、キッチンの残り物を再生する際のこのサイクルの活用法がわかるようになり、きっといいものが収穫できます。そのあとの各章では、発根方法から種の集め方、育苗箱に植えてから庭に植え替える方法まで、栽培法の違いに応じて、食物の再生法を詳細に見ていきます。あなたのキッチンは、がらりと変わるはずです。

　本書があなたを呼んでいます。さあ、はじめましょう。

キッチンガーデニングで
無駄をなくそう——
その仕組みとやり方

|||||||||||||||||||||||||||||||||

植物は、本当に素晴らしい生物です。ごくごく小さな種に、オークをぐんぐん成長させたり、カボチャのつるを伸ばしたりするのに必要なものがすべて含まれています。小さく切って、その1片を水に浸けておけば、発根する植物もあります。成長し、花を咲かせ、種をつけたあとは根を残して枯れるけれど、翌年その根からまた成長していく植物も。こうして、何十年も生き続ける多年草もあれば、ただ1度の生育シーズンを生き延びるのが精一杯で、あっという間に色あせ、しぼんでしまう短命の1年草もあります。

キッチンのごみを再生するには、植物科学（植物学）の基本をいくつか知らなければなりません。日々食べているのが種なのか、根、葉、茎、茎の変形なのかは野菜によって異なります。そこで、野菜ごとに再生できる部位や、その部位が植物のライフサイクルのどこに相当するのかを見極める必要があります。それを知っていれば、頑張って再生できた暁にはどんな楽しみが待っているかもわかるでしょう。

再生可能な植物はたくさんありますが、そのすべてに本書で言及しているわけではありません。本書の目的は、再生野菜をおいしくいただくのはもちろん、再生の過程を楽しむことでもあるので、それを踏まえて私は、より簡単で実りの多いものを主にとりあげています。けれど本章を読んでいただければ、本書で言及していない再生植物についても、基本的なことはおわかりになるでしょう。

|||||||||||||||||||||||||

植物の部位：シュートを根づかせて葉を食べる

キッチンガーデニングで無駄をなくすために細かいことを学んでいくに際して、忘れないでもらいたい重要な原則があります。**「再生したい植物の部位がどこであれ、その内部、あるいは表面には必ず『生長点』がなければならない」**のです。

「生長点」は、植物の種類や部位によって形状が異なることがあります。根にあることもあれば、茎にあることも。もっと詳しく知りたい場合は、個々の植物の説明を読んでください。再生可能かは植物の部位を見て判断していきますが、大事なのは、その部位がたくさんの茎や枝、葉を茂らせ、さらに（あるいは）最終的にたくさんの花をつけられるかどうかを見極めることです。

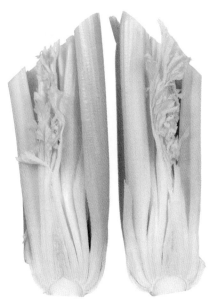

セロリの生長点は、意外にも私たちが食べる茎の奥深くに埋もれています。

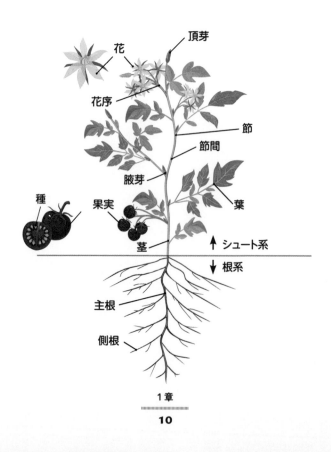

花
頂芽
花序
節
節間
腋芽
葉
種
果実
茎
↑ シュート系
↓ 根系
主根
側根

根

　根は地中にある部位で、そこから植物は養分と水分を吸収します。根菜の生長点は根の先端にあるため、根は土の下へ下へと成長を続けます。ただし、こうした植物の茎には生長点はありません。根に生長点がある根菜を再生したいなら、必ず、頭部から葉が生えているものを探してください。葉がない場合は、少なくとも頭部が切り落とされずに残っているものにします。

　根菜に含まれるもの：

- ビーツ
- ニンジン
- パースニップ
- ラディッシュ

- ルタバガ
- サツマイモ
- カブ
- ヤマイモ

再生にぴったりの野菜といえば根菜です。ビーツ、ニンジン、カブ、パースニップ、ラディッシュなどがあります。ニンジンがまるごと再生できて、食べられるわけではありませんが、おいしい葉が手に入ります。

1つのサツマイモからたくさんの塊根ができます。

　私たちが食べる根は主に２種類あります。直根と塊根です。ニンジン、カブ、ラディッシュなどの根菜は、ほとんどが直根類です。直根類は、葉が生えてくる頭の部分がそのまま残っていれば、再生して葉を楽しめますが、直根そのものを再生することはできません。

　サツマイモとキャッサバは塊根の植物です。これは直根類と違い、切れ端から新しい植物をまるごと再生できます。工程は難しくありませんが、手間がかかります（２章を参照）。

茎

茎は通常地上にありますが、地中で成長したり、半分地上で半分地中で成長する変形もあります。根との違いは、生長点と芽——やがて花を（そのあとは果実と種を）つける新しい枝や葉を伸ばせる芽があることです。茎は、葉や花、種、果実など地上にある植物の部位を支える構造になっています。こうした部位をすべてまとめてシュートと称します。

木の幹も、基本的には、枝と葉を有する大きな茎です。茎は、私たちが食べているものとどう関係しているのでしょう？　枝や葉がでてくる部位を食べているなら、そこが茎になります。食べているところに小さな芽があれば、それも茎です。茎には、新たな成長が見られる先端に、生長点もあります。新たな植物を成長させる芽がなければ、完全な茎ではありません。

茎は、形態が多様で多数の細かい部分からなっているため、私たちが食べる部位の中でも最も複雑です。

茎らしく見える茎野菜に含まれるもの：

- ワケギ
- コールラビ
- リーキ

リーキは茎野菜です。

まるごと買えば、おおむね茎のように見える茎野菜／果実に含まれるもの：

● セロリ（茎は中央にあります）
● レタス（1玉買えば）
● パイナップル（頭頂部）

変形した地下茎野菜

　複雑なことに、もっぱら地下で成長する茎もあります。根とどう違うのでしょう？地下茎には、新たな茎や葉を伸ばせる芽があります。地下茎の仲間をいくつか挙げましょう。

● **塊茎**は肥大した変形茎です。ジャガイモがここに含まれます。ジャガイモの「芽」は、実は小さな枝芽です。
● **根茎**は、地中を水平方向に伸びていく変形茎で、芽があります。多少肥大していますが、ジャガイモほどではありません。ショウガが根茎です。
● **鱗茎**は、地中で成長する変形茎の別種です。生長点は、鱗茎の奥深くに埋められていて、鱗茎葉と言われる変形葉に守られています。タマネギは鱗茎ですが、食べているのは実は変形葉です。

葉

　葉は2つの部位からなります。葉身（概して葉と思っているところ）と葉柄で、これが茎と葉身をつないでいます。

　葉の種類も、単葉と複葉の2つです。単葉は、葉身と葉柄1つずつからなっています。葉柄が茎につながっているところに通常あるのが芽です。その部位は節（せつ、またはふし）と称されます。一方複葉を構成しているのは複数の小葉で、これが茎につながる葉柄につながっています。トマトの葉が複葉です。

　ほとんどの葉野菜とハーブは、木の葉に似ていますが、食用なので、簡単に見わけがつきます。こうした葉野菜とハーブの中には、まるごとの状態で売られているものもあれば（レタスやキャベツが思い浮かぶでしょう）、茎だけで売られているものもあります（バジルやパクチー、ローズマリーといった新鮮なハーブです）。葉野菜を簡単に再生するには茎が必要です。

一般的な葉野菜

● バジル
● キャベツ（まるごとかカットでの販売が一般的）
● パクチー
● カラードグリーン
● ディル
● エンダイブ
● ケール（通常葉束で販売）

ここに写っているディルやレタス、フラットリーフパセリといった葉は、食用可能な栄養たっぷりの部位です。

- レタス（ルーズリーフレタスは再度根づかせられない。ヘッドレタスは茎の下部がしっかり残っていれば可）
- スイスチャード（茎のように見えるのは太い葉柄）

- パセリ
- ローズマリー
- ホウレンソウ
- タイム

一般的な葉茎菜

　なじみのあるセロリやルバーブは、実は葉柄なので、あなたが食べている「茎」は葉柄ということになります。まるごと売られているセロリで、底部がしっかり残っていれば、再度根づかせることができます。ルバーブは通常カットして売られていますから、それをまた根づかせることはできません。

　注意：生長点や芽がなければ、再生はできないということです。

アーティチョークは開花前の花をいただきます。　　　　まさに刈り入れどきのブロッコリーです。開花してしまえば、収穫時期を逸します。

花

　どれだけひんぱんに花を食べているかを知ると、みなさんよく驚かれます。けれど、あなたが好んで食べるものの中には、花や頭状花序（小花が集まって1つのまとまった部位をなしているもの）、茎のついた花が入っているのです。

　花は植物の生殖部位です。茎と葉と種を「媒介」します。茎には植物が成長を続ける生長点があり、種には新たな植物を育てるのに必要なすべてが含まれています。けれど花にはいずれもなく、その小さな細胞は、もう1度根づくことも再生することもありません。種をもたらすための存在です。

　植物がいったん開花モードに入ったら、それを止めることは難しくなります。食用花のほとんどは、開花したら、後日蒔ける種を採取できるまでそのままにしておくか、堆肥行きにして再度最初から栽培するしかありません。

　挿し木（ハーブなどの）を植える場合、開花前に茎を切らなければならないのは、こういう理由もあるからです。例えば、開花したバジルの挿し木にはすでに開花情報が組みこまれてしまっているので、おいしい葉を育てるのは容易ではありません。また、ブロッコリーの株を切り落としてからきれいな水に茎を浸しても、緑色の頭部で開花するだけで、ほかにはほぼ何も起こらないでしょう。

食用花

● アーティチョーク　　　　● ブロッコリー　　　　● カリフラワー

果実と種

　私たちが食べる「野菜」の多くは、実は果実です。植物学的に厳密に言えば、その構造内に種を有するものは何であれ果実になります（種は外側に付着することもあり、イチゴなどは果実の外に種があります）。

　以下は私たちがよくいただく果実と種です：

- アボカド
- バナナ
- 豆（乾燥したもの）
- 豆（新鮮なもの、サヤインゲンなど）
- ブラックベリー
- カンタロープ
- ヒヨコ豆
- トウモロコシ
- キュウリ
- ナス
- 緑豆
- オレンジ
- ピーナッツ
- エンドウ豆
- トウガラシ
- ポップコーン
- ラズベリー
- トマト
- スイカ
- ズッキーニ

アボカドは果実です。

果実の中の種は別の再生方法を教えてくれるので、試してみる価値があります。リンゴを半分に切っても発根はさせられませんが、種をとりだして準備をすれば蒔けます。乾燥した種なら、果実からとりだしてそのまま蒔けるでしょう——これにぴったりなのが、乾燥トウモロコシ、乾燥エンドウ豆、ピーナッツです。やわらかい種は完全には成熟せず、成長しません。ズッキーニだと、乾燥する前に種を食べてしまうので難しいでしょう。バナナも同じです。けれどスイカの種は蒔けます。

要するに、よくわからないときはやってみましょう！　それが本書の趣旨です。食料品店で購入しためずらしい果実や野菜の切れ端も再生できます。きっとびっくりするでしょう。けれどそれにはまず、植物の成長について少し学ばなければなりません。

植物の成長

私たちがいただく植物のほとんどは顕花植物です。その基本的なライフサイクルは、種によって多少の違いがあるだけで、ほぼ同じです。

植物のライフサイクル

1. 種が土に落ちるか、蒔かれます。

2. 種が芽をだし（発芽）、成長して、葉をつけます。

3. やがて花がつくられます。花が現れてくると、生殖段階に入ります——
   種をつくることに全精力が注がれるのです。

4. 開花し、昆虫やほかの動物、あるいは風によって受粉が行われます。

5. 花の基部（子房）が肥大して果実になり、中に種ができます。

6. 種が熟し、分散します。植物のライフサイクルの再開です。

再生植物

「見ているものが必ずしも得られるわけではない」これが、キッチンガーデニングで無駄をなくすに際しての大事なポイントです。

園芸用品店で、植え替えたばかりの苗や袋に入った種を買えば、帰宅後に庭や植木鉢に直行できます。それだと基本的には、植物のライフサイクルの初期段階で植え、そのままライフサイクルを一巡して終わり、となります。

花の子房が肥大して果実になります。ズッキーニの花の基部で果実がなりはじめているのがわかるでしょう。

　ところが、植えるためよりもそもそも食べるために購入した野菜の残りから食べ物を再生する場合は、工程がいささか違ってきます。あなたの目的は、必ずしも完璧な植物を育てることではなく、むしろ植物のライフサイクルのステージを巧みに利用することです。例えば、ニンジンを無駄なく使うというのは、新しいニンジンを栽培することではなく、葉の部分を育てて、青菜料理に活用することです。あなたが食料品店で購入したまとめ売りのニンジンは、ライフサイクルで見ると、新しい根を栽培できるステージをすでにすぎています。そこで、無駄を排する園芸家は、それとは別のステージを利用するのです。

植物の繁殖タイプ

　古い植物から新しい植物を得る方法はいくつかあります。自然界での植物の繁殖法は次のようになります。

● 花と果実ができて、その後つくられる種を拡散させます。あるいは

● 根を広げます。あるいは

● 茎や葉などほかの部位から再生し、新たな場所で根を張り、成長して新たな植物になります。

　最後の方法は、栄養繁殖と言われるもので、これこそが植物学者と、キッチンガーデニングで無駄をなくそうとする人たちにとって大事なやり方なのです。

頭部に茎が残っているビーツを買えば、たくさんの葉を再生でき、サラダや炒め物にして楽しめます。

接ぎ木をすることで多くの果実がなり、おいしくいただけます。（ハニークリスプのような）果樹の
さまざまな部位は、切りとって、病気に強い（同じリンゴの別品種の）台木に接ぎ木することができ
ます。

栄養繁殖：まるごとの植物や部位を再生する

　植物の部位の中には、水や土に挿すだけで、再び発根するものがあります。これが栄養繁殖です。詳しいやり方は、本章以降のそれぞれの植物の項で述べています。種から育てるのではなく、栄養繁殖で再生するなら、以下に挙げる3つのいずれかが育つでしょう。

● もとの植物とそっくりの植物が新たに成長し、まるごと収穫できます。最たる例がジャガイモですが、タマネギやショウガ、セロリもそうです。

● もとの植物がそのまま成長していきます。例えば、レタスの芯を水に浸けておき、（芯の底から発根すれば）成長するに任せましょう。やがて、おいしくいただける葉がどんどん育ってきます。

● まったく違うものが成長してきます。主としてニンジンやカブ、ラディッシュ、ビーツといった、根菜の頭の部分を再生する場合です。根菜を購入するのは、ひとえに根を食べるためですが、切り落とす頭の部分を再生すれば、その植物の栄養分がなくなるまで葉の収穫を楽しめます。

　私たちのいただく食用植物の多くが、栄養繁殖の器官に由来します。わかりやすく言うと、植物の一部（挿し木）をとって、それを根づかせる（植える）か、接ぎ木（別の支持植物につなげて一緒に成長）したもの、ということです。なじみのある多くの果実、特にリンゴも、この方法で栽培されます。したがって、あなたがグラニースミスという品種のリンゴを食べて、その種を蒔いても、グラニースミスになることはまずないでしょう。柑橘樹もほぼすべてこの栽培法です。オレンジの種を蒔くことはできますが、どんな果実がなるかはわかりません（柑橘植物はどれも、異なる品種間で信じられないほど複雑な交配が行われており、多くが栄養繁殖されています。柑橘類の系図は、見ていて少しも飽きません！）。

道具、材料、必需品

　キッチンガーデニングで無駄をなくすために不可欠の科学的なことはわかりましたから、いよいよ、自分の好きな果実や野菜の再生に必要なものを用意していきます。
　ガーデニングで無駄をなくすという趣旨ですから、コンテナはリサイクル、リユースをし、外のちょっとしたスペースに植物を植えてみましょう。そして、うまく種を収穫したり、植物を増やせたら、友人や近所の方におすそわけしてみてください。
　本書はガーデニングを包括するものではありませんから、本章でとりあげているのは、ガーデニングの中でも再生栽培に関する最も重要なことだけです。そして本書で力を入れているのは、あなたがすでに調理に使っている材料のさらなる活用法です。室内外を

問わず、四季折々の道具ややり方も含めて、長期にわたるガーデニングについて詳しく知りたい場合は、有益な本がたくさんあります（p.124の参考文献には、おすすめの本も何冊か挙げておきました）。

野菜や果実の再生は、科学実験以外の何物でもありません。そこで、科学者よろしくいつでも再生栽培ができるように、最低限の必要なものを用意しておいてください。

コンテナ

水耕再生なら、浅いトレイを何種類かと、グラス、小さなボウル、いろいろな大きさの保存瓶、それに広口の花瓶が1つか2つ必要です。

土植えで小さな植物を再生するなら、排水用の穴の空いた植木鉢とコンテナを用意します。再生するものに応じて、直径が10cmから60cmほどの植木鉢が必要です。水受け皿と、コンテナを覆う透明なトレイか蓋があると便利でしょう。1度にたくさんの種を発芽させるなら、育苗箱を用意し、下にトレイを配して、水受けにするのがおすすめです。

豆や香料植物などの種を発芽させる際、私はほぼいつも、古くなった持ち帰り用のプラスチック容器か、蓋つきのカッテージチーズの容器を再利用しています。

鉢用土

通常、ほとんどの再生栽培には、無菌の有機培養土をおすすめしています。再生している植物を腐らせるバクテリアや菌類を含まない土です。

道具

再生栽培に必要な道具は少しだけですが、揃えておかないと慌ててしまうものばかりです。植物の上部や下部を切るための鋭利なナイフ、再生植物を刈りこむための剪定ばさみか普通のはさみ、じょうろ、やさしく水を吹きかけるための霧吹き、土をこすための目の細かいメッシュのふるいは必ず用意してください。核や仁のある植物の再生を考えていますか？　その場合は、道具のリストにナットクラッカーも加えましょう。

外で再生栽培をするなら、種蒔き用にガーデナーズナイフかハンドホー（手鍬）を、土をほぐすために四つ又のカルチベーター（鍬）を用意しておいてください。水やりはじょうろでもできますが、ホースと散水ノズルがあれば、広い場所でもあっという間に水が撒けます。

そのほかに必要なもの

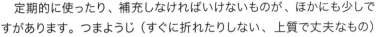

　定期的に使ったり、補充しなければいけないものが、ほかにも少しですがあります。つまようじ（すぐに折れたりしない、上質で丈夫なもの）を買ってください。野菜の切れ端や種を水に浮かせるのに使います。ペーパータオルとラップも常備します。いずれも、発芽の際、植物の部位周辺の乾燥を防ぐものです。剪定ばさみやナイフ、コンテナは、再生栽培のために切ったり刈ったり植えたりする前に、ライゾール®かイソプロピル・アルコールで消毒することをおすすめします。

　ほかに必要なものがあれば、個々の植物の項で説明します。

再生栽培のやり方

　以下の各章は、再生栽培する植物ごとにまとめ、それぞれの栽培法を記しています。再生したい植物が決まっているなら、目次を参照してください——けれど、再生の方法は1つとはかぎりません！　ではここで、このあとの内容を少しだけご紹介しましょう。

根菜を土植えで再生栽培する

　根菜を土植えで再生栽培するなら、根菜の一部を切って土に埋め、水をやって、成長を見守りましょう。ただそれだけです！　どんなものが収穫できるかは植物によって異なりますが、いずれも楽しく、簡単にできます。

葉茎菜を土植えで再生栽培する

　根菜の再生栽培によく似ていますが、葉茎菜の場合は通常、茎から発根します。この場合も、収穫できるものはさまざまです。

株や茎、ヘタから水耕再生栽培する

　挿し木を水挿しにするのと同じくらい簡単です。両者の違いをしいて挙げれば、栽培できたものの扱いと、収穫期間の伸ばし方でしょう。株や茎、ヘタの場合は通常、土に移し替えてそのままさらに成長させていきます。

発芽テストあるいはあらかじめ種を発芽させる方法

たくさんの種を庭に蒔く前に、少量の種で発芽テストを行い、きちんと発芽するかを確かめましょう。

用意するもの：
種、ペーパータオル、蓋つきのプラスチック容器（あるいはジッパーつきのビニール袋）。

1. ペーパータオル3枚を濡らします。

2. それを重ね、プラスチック容器の底に敷きます。その際、タオルの幅半分は、容器の縁から外にだしておいてください。

3. 濡らしたペーパータオルの上に、テストしたい種を、種の種類ごとに3つずつ置きます。

4. 縁から外にだしておいたペーパータオルで種を覆います。

5. 容器に蓋をしてください。

6. 容器を温暗所に4-6日置いておきます（食器棚がぴったりです）。

7. その後、どの種が発芽しているかを調べます。発芽していたら、それと同じ種を外に蒔きましょう！

種から栽培する

　種からの栽培は「再生」栽培ではないと思うかもしれませんが、キッチンガーデニングで無駄をなくすという考え方には当てはまります。クリカボチャをはじめ、何かを調理する際に種をいくつかとっておくこともあると思います。香辛料の棚から何かが発芽することもあれば、ポップコーンの粒で実験をすることもあるでしょう。アボカドをのぞき、水耕栽培で再生している種はいずれも、土に植え替えます。すべての種の発芽に挑戦する前に、発芽テストをするといいでしょう(p.24の情報を参照)。

　こうした「栽培方法」はいずれも、青果物個々の再生栽培における最初の方法、もしくは主要な方法です。多くの場合、長く収穫を楽しむためには、外や、より大きなコンテナに植え替えてください。詳細は、各植物の項で説明してあります。

栽培:室内か室外か

　室内外を問わず、キッチンの残り物で再生栽培を続けるのに役立つ基本的なガーデニングの情報があります。

食べられるものを栽培する：基本

土 ： 室内での栽培には有機培養土を使います。室外なら、土のpHを調べ、高アルカリ性(8.0以上)や高酸性(5.5以下)にならないようにしてください。pH測定キットは園芸店で購入でき、使い方も簡単です。栽培場所として考えている外の土に堆肥を加えるのは、ほぼつねに有益なことです——堆肥については、本章の後半で詳述します。土を深さ8-15cmほど耕して、十分にやわらかくするのもいいことです。その際は、ガーデニング用の熊手か四つ又のカルチベーター(鍬)を使ってください。

日当たり ： 室外で栽培するすべての食べ物は、太陽をたっぷり浴びるのが一番です。ただし、冷涼な季節に栽培する葉物野菜は、暖かくなってきたら多少日差しをさえぎってあげるといいでしょう。室内の場合は、よりおいしい収穫を長く楽しむために、グロウライトの購入を検討してみてください。卓上用の小さなものもあれば、本棚のような形で、各棚の下にライトを配し、棚ごとに植物を照らすタイプもあります。ライトの購入はまだちょっと、というのであれば、植物は室内で一番日当たりのいい場所に置きましょう。

水： ほとんどの食べ物には、安定した水分が必要です。室内外を問わず、土は、軽く絞ったスポンジ程度に湿らせておいてください。この状態を保つには、意外とひんぱんに水をやらなければいけないかもしれません。

養分 ： ほんの少しだけ収穫を楽しむために、水挿しまたは土植えで再生栽培をしているなら、肥料は不要です。屋外で通年野菜や果実を栽培してみる場合は、養分が必要です。詳細は個々の植物の項に記します。

室外栽培か、室内栽培か

　本書では、室内栽培と室外栽培について、ほぼ均等に言及しています。ただ、収穫を考えているなら、単に大きすぎて室内栽培には向かない植物もあります。室内ガーデニング用の巨大なサンルームがあれば、カボチャにピーナッツにジャガイモ、サツマイモがごろごろつくれるでしょう。電気代に糸目をつけず、巨大な地下室もあるなら、グロウライトを設えて、自分が食べるものはすべて、自分で栽培できます。

　とはいえ実際には、挿し木をはじめたり、外に植え替えてみたり、あるいは、とっておいたごみ（種）を最初から外に蒔いたりして、堆肥にするまでしばし楽しもうという方がほとんどでしょう。どの部分を使って、どんなふうに栽培すれば一番楽しめるのかは、各植物の項で詳しく述べています。

終わり（とはじまり）：堆肥をつくる

　楽しいことにもいつかは終わりがきます。キッチンの残り物を使った再生栽培のくり返しにもかぎりがあり、やがては再生できなくなります。レタスはトウ立ちし、ビーツからは葉がでなくなります。では次は？　堆肥です！

　堆肥は、見た目は土のようですが、とても素晴らしいものです。庭のダクトテープさながら、ほぼすべての問題を解決してくれます。土の水はけが早すぎる？　堆肥を加えれば保水できます。土が重すぎて、水はけが悪い？　堆肥を加えて、土質を軽くします。雨で有益な栄養素が流されてしまい、自然に補われるのが間に合わない？　堆肥を加えれば、しっかりと栄養素を満たせます。場所によっては、庭に肥料を入れる前に堆肥を加えなければならないところもあります。さもないと、せっかくの肥料が土から流れだしてしまうからです。

　堆肥は、単なる有機物（野菜の皮や切れ端、卵の殻、コーヒーのだし殻、刻んだ葉、刈りとった芝生、新聞紙）が、自然に存在する微生物によって分解されたものにすぎません。成分が微生物によって分解される——要するに、消化です——ので、植物は栄養素をとりこめるのです。ニンジンの皮をそのまま加えてもダメですが、堆肥を土に加えれば、植物にとっては大いにプラスになります。堆肥は、植物が吸収しやすい形で栄養素を与えられるのです。また、地中の微生物にも餌を与えることになるので、当然微生物もつねに健康で、落ち葉や小枝といった、自然と庭にたまるものも分解してくれます。植物のごく一部だけを再生栽培していると忘れがちですが、庭にあるものはすべて、互いにつながっているのです。

生ごみ用のバケツを購入するか、自作してください。

生ごみ処理機

　キッチンからでるごみを本気で減らそうと思っているなら、まずはごみを集めやすくする工夫が必要でしょう。堆肥の山に入れられるようにするのはそのあとです。通常最良の対応策は、シンクの下に約3.8L容量のバケツを置くことです。新聞紙でバケツの内袋をつくり、その中に新たにごみを入れるたびに、上から細かく切った新聞紙を重ねていきます。バケツの中身をこまめにあけられないようなら、バケツの中に炭を撒いて、においを抑えておきましょう。

　生ごみ処理機も購入できます。多くの場合、陶製か金属製で、密閉式です。防臭用に、通気孔や炭のフィルターがついているタイプもあります。高価ではないものの、容量もあまりありません。バケツと処理機、どちらがいいかは、どのくらいごみがでるかによります。

　さあ、基本的なことがわかったところで、再生栽培をはじめましょう！

根菜を土植えで 再生栽培する

IIIIIIIIIIIIIIIIIIIIIIIIIIIIIIIIII

ほ ら、見てください、キッチンの引きだしの奥で古いジャガイモから芽がでています。でも、堆肥の山に加えることはありません。芽をくり抜き、新しいジャガイモを育てて、収穫できるのです。では、ジャガイモと一緒に引きだしの中で少々しなびているニンジンはどうでしょう？ 実はこれも再生栽培が可能です。新しいニンジンを収穫するのは無理ですが、頭の部分からたっぷり生えてくる葉は、スープやサラダに加えるのにぴったりです。それに、ニンジンの頭の部分が成長していく姿は、眺めているだけでもとても楽しめます。

地中で育つすべての野菜が「根」なわけではありません。正真正銘の直根（ニンジンなど）もあれば、塊根（サツマイモなど）もあり、厳密に言えば塊茎（ジャガイモなど）もあります。これらはすべて地中で育ちます。では、正確には何が違うのでしょう？

根と茎の大きな違いは、塊茎には、いたるところに芽があるのに対し、直根と塊根には、根の先に芽または茎の一部があるだけ、ということです。ジャガイモとニンジンを見比べれば、一目瞭然でしょう。この違いこそが、再生栽培の際に理解しておくべき最も重要なことです。

こうした植物を再生栽培するときには、栽培に用いる部位に必ず「芽」か生長点があることを確かめてください。さもないと、どんなにジャガイモの切れ端を埋めても発芽せず、ただ腐らせるだけ――堆肥にはなっても、再生栽培はできません。

とりあげる植物

● ジャガイモ
● ショウガ
● ウコン
● サツマイモ
● ニンジン
● ビーツ
● カブ
● ラディッシュ

根づいたサツマイモの切れ端。詳細はp.51を参照。

IIIIIIIIIIIIIIIIIIIIIIIIIIIIIIII

ニンジン

　再生できるのはオレンジ色の根の部分ではありませんが、緑色の葉が栽培できます。
サラダに加えたり、少量のニンニクと蒸し煮にしたり、スープでいただいたりしましょう。
ニンジンは2年生の根菜なので、1年目は直根が伸びるだけです。店頭で購入するニン
ジンはもう2年目のものなので、根の部分が再生する可能性はありません。こうした根
を、収穫せずに地中に残しておけば、最終的には花柄が伸びて、種ができます。
　店頭で発芽しないよう処理されているニンジンもあり、これは再生栽培には向きませ

ん。そこで、ニンジンの再生栽培をしたいなら、購入の際にはいくつか気をつけることがあります。一番のおすすめは葉つきのものですが、店頭ではあまり見かけないかもしれません。その場合は、頭部に茶または黒っぽい跡——茎の名残があるものを探しましょう。頭部が切り落とされて、きれいなオレンジ色をしているものは、再生栽培はできません。

ニンジンの再生栽培

　鋭利なナイフ、直径が15cm以上ある植木鉢、ポット用有機培養土、じょうろを用意します。

1. ニンジンの準備をします。ナイフで頭部を3cmほど切り落としてください。葉が残っている場合は切りますが、その際、茎をすべて切ってしまわないように気をつけましょう（葉が残っていると、新しい葉の成長を妨げます）。 a

2. 鉢に土を入れます。ニンジンを腐らせかねないバクテリアや菌類の少ない無菌土にしてください。水をかけ、軽く絞ったスポンジ程度に湿らせます。

3. 切り口を下にし、土から半分ほどだして、ニンジンの頭部を植えます。 b

4. 鉢を日当たりのいい場所に置きます。土が乾かないよう気をつけてください。ただし、水のやりすぎは禁物です！

こぼれ話

ニンジンはセリ科の植物で、ディルやフェンネル、パースニップ、セロリ、コリアンダーなども含まれます。「アン女王のレース」とも呼ばれる野良ニンジンもセリ科の仲間で、ニンジンやディル、フェンネルを開花させれば、類似点がわかるでしょう。いずれも、枝わかれした短い茎の先端に小花をたくさんつける、平らな頭状花を有します。このようなタイプを散形花序（アンベル）と言います。花をひっくり返すと、カサに似ています！ どちらの言葉も、由来は同じで、「影」という意味のラテン語の「アンブル」です。

運がよければ、ニンジンの頭部から花が咲きます。美しいのはもちろん、種も収穫できます。

栽培情報

ニンジンは冷涼野菜です。室外で栽培したいなら、春か秋の中ごろに植えましょう。

どんどん育てて収穫しよう！

葉を栽培して収穫を楽しむ間は、土を常に湿らせておきましょう。1週間ほどで発芽しはじめますが、食べられるだけ大きくなるには数週間かかります。必要に応じて古い葉は切り落としてください。

収穫した葉はとてもおいしくいただけます。パセリのかわりにサラダやスープ、サンドイッチに添えてみましょう。葉がでてくるかぎり楽しめます。花柄が伸びれば、かわいい花が見られます。花が咲いたら、種をとっておいて蒔いてもいいですし、あとは堆肥にするだけでもかまいません。鉢に植えた頭部から花が咲かない場合、頭部を日当たりのいい場所に植え替えるのが一番です。水やりを続ければ、やがて花柄が伸びてきます。運がよければ、種も収穫できるかもしれません。種は、冷乾状態で保存しておけば、3年は大丈夫です（経験から言うと、温度は10℃、湿度は50％です）。

まるごと掘り起こしたら、小さいものを使って、もう1度栽培しましょう。

ショウガ

　ショウガは、調理のためにわざわざ購入するには高価です。そこで、1度だけ購入して、あとは自分で栽培するのはどうでしょう？　ショウガはもともと熱帯植物なので、夏は室外で、冬は室内で栽培するのがおすすめです（ただし、霜の降りない地域で生活しているなら話は別です。その場合は、室外にショウガの切れ端を植えておくだけでうまくいくでしょう）。ショウガはスープやカレー、シチューに風味を添えます。紅茶にも使えます。

　私たちが食べるのは、ショウガという植物の根茎、または地下茎です。調理のために購入するショウガには、ほぼ必ず、たくさんの生長点か芽があります。ジャガイモと同じで、再生栽培したい場合は、購入する際、有機もしくは無農薬栽培されたショウガを探してください。店頭に並んでいるときから、すでに小さな芽がではじめているものであれば、再生栽培には最良のショウガと言えます。無駄をなくすガーデニングを心がけている人たちにはぴったりです。

ショウガの再生栽培

　鋭利なナイフ、直径が15-30cmほどの植木鉢、ポット用有機培養土、じょうろを用意します。

a

1. ショウガの準備をします。ショウガを長さ3cm程度に折るか、ナイフで切ります。その際、必ず「芽」がついているようにしてください。植える前に、1-2日かけてしっかり乾かします。切りたての部位には細菌が付着しやすく、そのままにしておくと、腐って成長できなくなってしまうため、これは大事な工程です。ただし、3日以上は乾燥させないでください。完全に乾いてしまうと、容易に再生できません。 a

2. 鉢に土を入れます。ショウガを腐らせかねないバクテリアや菌類の少ない無菌土にしてください。水をかけ、軽く絞ったスポンジ程度に湿らせます。ただし、湿ったままにはしないでください。これもまたショウガを腐らせかねません。

3. 芽を上に向けて、土の中に埋めこんでいきます。8-10cmくらい間隔をあけてください。直径15cmの植木鉢なら、3個植えるのがおすすめです。30cmなら、6-8個でしょう。 b

4. 日当たりのいい場所に置き、成長を待ちます。根茎が成長してくると、土の乾きも早くなりますから、よりひんぱんに水やりをしてください。

b

どんどん育てて収穫しよう！

　3-4カ月もすると、新芽がでてきます。土を軽くよけて根をだし、少し折りとって使います。最初に植えた鉢が小さくなってきたら、大きい鉢に植え替えてください。夏の間、鉢を外にだしておけばどんどん成長します（つまり、早く、たくさん収穫できる、ということです！）。

　1年ほどたったら、すべてを掘りだし、茎を切り落として堆肥にします。根は、土を払ってとっておき、また再生栽培をはじめましょう。ショウガは冷蔵庫で2-3週間保存できますが、風味はすぐに飛んでしまいます。冷凍保存も可能です。皮をむいてすりおろしたショウガを大さじ1-2杯分ずつ天板に並べるかプラスチック容器に入れて、そのまま冷凍庫で凍らせます。その後とりだしてビニール袋に移し、冷凍庫に入れておけば、最長6カ月保存できます。

ウコン

　生のウコンはぜいたく品です！　すりおろしたての根の香りはすばらしく、スープや
サラダ、特に卵料理を引き立てます。けれど、高価な上になかなか売っていないことも
あるので、自分で栽培してみましょう。すぐれた抗炎症効果がありますから、健康食料品
店のハーブ療法のコーナーには、粉末ウコンのカプセルがよく並んでいます。

　自分で栽培するなら、最初は室内で育て、それから夏の間は室外にだします。ウコン
の花はいかにも熱帯的な感じでとても美しく、庭を華やかにしてくれるので、食べられる
根と同様、育てる価値は十分にあります。

栽培情報

ウコンに触ると、黄色がかったオレンジ色が手につくので、生のウコンを扱うとき
は手袋をするか、切ったらすぐに、自分の手とウコンの切断面を洗ってください。

ウコンの再生栽培

　鋭利なナイフ、直径が15cm以上ある植木鉢、ポット用有機培養土、じょうろを用意します。

1. ナイフを使って、ウコンの根を長さ3cm程度に切ります。いずれにも、芽が最低2つはあるようにしてください。折りとってもかまいませんが、ウコンはとてもかたいことがあるので、ナイフを使う方が簡単です。切ったら、1日ほど乾燥させ、切り口から細菌が侵入するのを防ぎます。 [a]

2. 鉢に土を入れます。できれば、ウコンを腐らせかねないバクテリアや菌類の少ない無菌土にしてください。水をかけ、軽く絞ったスポンジ程度に湿らせます。土がぐしょぐしょにならないように気をつけましょう。水をやりすぎたら、土を加えて、適度な湿り気に戻します（鉢がいっぱいになったら、いつでも土をとりだしてかまいません。土の表面が、鉢の縁から3cmほど下になるようにします）。

3. 芽を上に向けて、土の中に埋めこんでいきます。8-10cmくらい間隔をあけてください。直径15cmの植木鉢なら、3片植えるのがおすすめです。30cmなら、6-8片でしょう。

4. 鉢を日当たりのいい場所に置き、成長を待ちます。成長するにつれ、よりひんぱんに土の湿り具合をチェックし、こまめに水やりをしてください。

こぼれ話

ウコンは、布から辛子まで、あらゆるものの染色に使われます。また化粧品にも色を添え、ヒンドゥー教の結婚式でも用いられます。

どんどん育てて
収穫しよう！

　最初は直径15cmの鉢を使うことを
おすすめします。もっと大きい鉢で小さく
切った根を栽培すると、水をやりすぎて
腐らせてしまう可能性があるからです。
また、大きな鉢だと、冬の間室内ガーデ
ニングの空間をかなり占めてしまうかも
しれません。本格的に栽培してたくさん
収穫したい場合は、茎が15cmくらいま
で伸びたら大きめの鉢に植え替え、夏の
間は外にだしておきましょう。ウコンは、
トマトの栽培と同じ条件——夜間の気温
が18℃以上——を好みます。

　根が十分に大きくなるには8-9カ月ほ
ど要します。年が明けて霜が降りる前の
12月中に室内で再生栽培をはじめれば、
たくさん収穫できるでしょう。ウコンはい
つでも再生栽培できますが、たっぷり収
穫したいなら概してこのスケジュールで
行なってください。

　茎が枯れるか黄色く変色したら、根を
収穫します。万一茎が変色しなくても、

8-9カ月ほどたてば根を掘りだしてかまいません。古い茎は切り落として、堆肥にしま
す。根はきれいに土を洗い落として小わけにし、皮を剥いて密閉容器に入れ、冷凍庫に
保存します（皮は剥かなくてもかまいません。ウコンの皮はそれほど厚くなく、ジャガイ
モよりニンジンに近いでしょう）。あとは、必要なときに冷凍庫からだして、そのまますり
おろしてください。かたいものの、ショウガほど繊維質ではないので、ショウガより簡単
にすりおろせます。収穫した分から必ず少しだけとりわけておき、それを使ってまた栽培
していきましょう！

この写真のように、すでに芽がでていたら再生栽培にもってこいです！

ジャガイモ

　手間をかけずにたくさん収穫できるものをお探しですか？　ならばジャガイモを栽培しましょう！　ジャガイモは貯蔵茎で、発芽を抑制する化学処理をされていなければ、本能的に再生栽培を求めています。ジャガイモを長期間放置しておくと、芽がでてくることからもおわかりでしょう。再生栽培には、発芽抑制の処置が施されている可能性が低い、有機栽培されたジャガイモが一番です。調理のためにジャガイモを購入するときは、しっかりとしたかたさのあるジャガイモを1つ、再生栽培用にとっておきましょう。

　残り物のジャガイモをまず室内で育て、その後室外に植えてもいいですし、本項のやり方にしたがって、最初から直接庭に植えてもかまいません。ジャガイモは概して、とても大きくなることもあり、室内での栽培にはあまり適していません。

ジャガイモの再生栽培

　鋭利なナイフ、イソプロピル・アルコール、大きな植木鉢（直径45-60cm）、ポット用土、じょうろを用意します。地植えにするなら、植木鉢とポット用土のかわりに、育苗箱と有機培養土が必要です。上記サイズの鉢なら、2片植えれば十分でしょう。

1. ジャガイモを洗い、以下の手順で植える準備をします。最初に、ナイフをイソプロピル・アルコールで消毒してください。この工程は決して省かないこと。ジャガイモは切り口に細菌が付着すると、ことのほか腐りやすいからです。

2. ジャガイモの芽を探します。必ず1-2個芽が残るように気をつけて、3-6cmくらいの大きさに切りわけてください。[a]

3. 切ったジャガイモは、植える前にまず、数日かけて「キュアリング処理」するか乾燥させます。冷乾所に置いてください。この工程も省いてはいけません。「生のジャガイモ」があると、土に埋めたとたん、微生物に攻撃されてしまうからです。けれどキュアリング処理すれば、切り口に新たな保護膜ができます。

4. 鉢で栽培する場合は、半分ぐらいまで土を入れます。あらかじめ発芽させたジャガイモを地植えしたいなら、育苗箱に土を満たしてください。いずれの場合でも土に水をかけ、軽く絞ったスポンジ程度に湿らせます。

5. 鉢か育苗箱にジャガイモを置き、5-7cm程度土をかけます。鉢で育てるなら、15cmほど間をあけてジャガイモを配してください。地植えの前に発芽させるだけなら、3-5cm程度の間隔で大丈夫です。

b

6. 鉢または育苗箱を日当たりのいい場所に置きます。発芽中は土が乾かないように気をつけてください。小さな葉がでてきたら、外に植え替えましょう。ジャガイモとジャガイモの間は45cm程度あけてください。鉢の場合は、茎の成長に合わせて少しずつ盛り土をしていき、土の上からつねに葉が2、3枚顔をだしているようにしておきます。 b

どんどん育てて収穫しよう！

ジャガイモは冷涼野菜です。室外で栽培したいなら、育苗箱で発芽させるか鉢に植えて、終霜が降りる2-3週間ほど前に外にだします。成長に応じて茎の部分に盛り土をしていけば、たくさん収穫できるでしょう。定期的に雨が降らなければ、開花しているときに水をやります。

開花から3週間ほどで新しいジャガイモが収穫できます。小さな塊茎の周囲をやさしく掘ってください。葉が黄色くなってから数週間後には、残りのジャガイモも収穫できます。掘りだしたジャガイモはそのまま2-3日置いて乾燥させてから室内に入れ、きれいにします。冷暗所に保存しましょう。

こぼれ話

アメリカにフライド・ポテトを紹介したのは、トーマス・ジェファーソン大統領でした。1784-1789年に駐フランス公使を務めていて知ったのです。そして1802年、ホワイトハウスの公式晩餐会で、シェフにフランス式のフライド・ポテトを用意するよう命じました。当時は今と違い、薄く切ったジャガイモを揚げていました。1900年代初頭になってからようやく人気に火がつき、以降依然として健在です。そして今ではアメリカ人のジャガイモ消費量の大きな一角を占めています。

ビーツ

　ビーツは、メニューを開けば必ず載っている、今人気の食材です。産直食材を使用するレストランに行けば、少なくと1種類はビーツをメインにしたサラダがあるでしょう。食料品店の棚にも、おなじみの赤いビーツに加えて、白、金色、赤と白のストライプといったものまで並んでいます。いずれのビーツも、茎が根の上部にきれいに残っていれば再生栽培は可能です。

　ビーツは、ニンジンとよく似た2年生の直根植物です。生長点は根の先端にあります。したがってビーツの再生栽培は、根ではなくビーツグリーンと言われる葉を育てることになります。葉とはいえ、とても美味です。ベビービーツグリーン（本当にそう呼ばれています！）はほぼいつでも、おしゃれなミックスサラダのメイン食材です。大きめのビーツグリーン（店頭で購入したビーツから切り落とす葉です）は、ニンニクやレモン果汁と炒めるとおいしくいただけます。

ビーツの再生栽培

　鋭利なナイフ、直径が15cm以上ある植木鉢、ポット用有機培養土、じょうろを用意します。

1. ビーツの準備をします。ナイフで頭の部分を2cmほど切ります。茎は少し残しておきます。長い葉は切り落としますが、茎をすべて切ってしまわないよう気をつけてください。茎を残しておくと新芽がでやすくなります。切り落とした葉はもちろん、捨てずに調理しましょう。[a] [b]

2. 鉢に土を入れます。ビーツを腐らせかねないバクテリアや菌類の少ない無菌土にしてください。土の表面が、鉢の縁から3cmほど下になるようにします。こうしておけば、水をやったときに土が浮いて鉢からこぼれずにすみます。土は、軽く絞ったスポンジ程度に湿らせてください。

栽培情報

ビーツに触るときは、手袋をするか、切ったらすぐに手とカウンターを洗ってください。ビーツの赤い色はあらゆるものに付着します。殺人現場さながらのキッチンにはしたくないでしょう。

3. 切り口を下にし、土から半分ほどだして、ビーツの頭部を植えます。せいぜい1-2cm間をあけて植えれば十分です。 c

4. 鉢を日当たりのいい場所に置きます。土が乾かないように気をつけてください。やがて発芽し、成長してくるでしょう。

どんどん育てて収穫しよう!

　ビーツは、葉がでてくるかぎり栽培を続けられます。若い葉は、切ってサラダやスープに使いましょう。成長が止まったら、堆肥の山に加えてください。外で育てて、花が咲くか確かめることもできます。うまく咲かせることができれば、花粉を運ぶ昆虫が寄ってくるので、ほかの野菜たちも喜びます。

こぼれ話

素晴らしい抗酸化物質の源であるビーツには、やる気をだす効果もあります。根に含まれているのは、うつ病の治療に用いられるベタインと、トリプトファン——感謝祭の七面鳥のディナーをいただいてから心穏やかに楽しむ昼寝の際に見られる化合物と同じものです。

この２つのカブは同時に「植えました」が、ご覧のとおり、再生するスピードは一様ではありません。

カブ

　カブは、アレンジ自在の万能野菜です。大きな根は、ジャガイモのように焼いたり、マッシュにしてもいいでしょう。ジャガイモよりもビタミン豊富です。若いカブはほのかに甘みがあり、スライスしたりすりおろしたものをサラダに加えると、生でも美味です。若くやわらかいカブの葉は、南部諸州で昔から食されてきました。豚の足肉の燻製や塩漬けの豚肉、タマネギと調理し、日曜日のディナーの１皿として供されています。

　ニンジンやビーツと同じ直根植物です。再生栽培の方法も、収穫できるものも、ほかの直根植物とよく似ています。つまり、カブを再生栽培して収穫できるのは、直根ではなくおいしい葉です。購入する際は、葉つきのものにしてください。さもないと再生栽培はできないでしょう。

根菜を土植えで再生栽培する

カブの再生栽培

　鋭利なナイフ、直径が15cm以上ある植木鉢、ポット用有機培養土、じょうろを用意します。

1. カブの準備をします。ナイフで頭の部分を2cmほど切ります。茎は少し残しておきます。長い葉は切り落としますが、茎をすべて切ってしまわないよう気をつけてください。茎を残しておくと新芽がでやすくなります。切り落とした葉は火をとおしましょう！　と言うより、火をとおすべきです。成熟したカブの葉はけばだっているため、生のままではおいしくいただけないからです。 a b

2. 鉢に土を入れます。カブを腐らせかねないバクテリアや菌類の少ない無菌土にしてください。土の表面が、鉢の縁から3cmほど下になるようにします。こうしておけば、水をやったときに土が浮いて鉢からこぼれずにすみます。土は、軽く絞ったスポンジ程度に湿らせてください。

栽培情報

カブは冷涼野菜です。地場産のカブ（食用も再生栽培用も）は、秋から初春にかけて最もよく目にします。

c

3. 切り口を下にし、土から半分ほどだして頭部を植えます。c

4. 鉢を日当たりのいい場所に置きます。土がつねに均等に湿っているよう水をやってください。やがて発芽し、成長してくるでしょう。

どんどん育てて収穫しよう！

　新芽がでている間は栽培可能です。大きな葉は、食べる前に火をとおさなければなりませんが、5cm以下くらいの若い葉なら、そのままサラダにしていただけます。成長が止まったら、堆肥の山に加えましょう。ビーツやニンジンと一緒に、時期を問わず外での再生栽培にも挑戦してみてください。花が咲くかもしれません！

こぼれ話

ジャック・オー・ランタンはもともと、カブをくり抜いてつくられたものでした。何世紀も前、アイルランドに住むケルト人がカブに顔をくり抜き、その中にろうそくを入れて、悪霊が近づいてこないよう道を照らしたのです。

ラディッシュ

　葉つきのラディッシュを1束買えば、根よりも葉の方が多くなるでしょう。
葉は、たいていの人が切り落として捨てますが、ほかの葉と同じで、十分食卓を
彩る1品になります。火をとおすと、ことのほか美味です。フライパンにバター
を溶かして葉を入れ、軽く炒めます。すぐにとりだして、塩とレモン果汁で味を整え
ます。食卓に彩りを添えるなら、中が鮮やかなピンクと白のスイカラディッシュを探し
てみましょう。紫や黄色、白、黒のラディッシュもあります。

　ラディッシュの再生栽培は、ニンジンやカブといったほかの直根植物の栽培と同じ
手順が多々あります。収穫できるものも同じです。生でも火をとおしてもいただける
若い葉が収穫できますが、新たにラディッシュができることはありません。

ラディッシュの再生栽培

鋭利なナイフ、直径が15cm以上ある植木鉢、ポット用有機培養土、じょうろを用意します。

1. ラディッシュの準備をします。ナイフで頭の部分を2cmほど切ります。茎は少し残しておきます。長い葉は切り落としますが、茎をすべて切ってしまわないよう気をつけてください。茎を残しておくと新芽がでやすくなります。カブの葉と同じように、ラディッシュの葉も火をとおしていただきましょう。[a]

2. 鉢に土を入れます。ラディッシュを腐らせかねないバクテリアや菌類の少ない無菌土にしてください。土の表面が、鉢の縁から3cmほど下になるようにします。こうしておけば、水をやったときに土が浮いて鉢からこぼれずにすみます。土は、軽く絞ったスポンジ程度に湿らせてください。

3. 切り口を下にし、土から半分ほどだして、ラディッシュの頭部を植えます。びっしり植えてかまいません。3cmほど間をあければ十分です。つまり、その気があれば、店頭で購入した1束をそのまま再生栽培できるということです。[b]

4. 鉢を日当たりのいい場所に置きます。土がつねに均等に湿っているように水をやってください。やがて発芽し、成長してくるでしょう。

栽培情報

ラディッシュは、庭で種からの栽培が最も簡単にできる野菜の1種です。春か晩秋に種を蒔き、根の直径が3cmくらいになったら収穫します。その後、再生栽培して葉を育てましょう。食料品店で購入したラディッシュと同じで、根を食べたらあとはもう捨てていい、ということなどないのですから。

どんどん育てて収穫しよう！

若い葉（せいぜい高さ3cm程度まで）は、サラダやサンドイッチにピリッとした風味を添えてくれます。スープのつけ合わせにも使いましょう。新芽がでなくなったら、堆肥に加えてください。

こぼれ話

メキシコのオアハカでは12月23日に「ラディッシュ（大根）の夜」というお祭りがあります。お祭りのためのラディッシュが特別に栽培され、数日前からラディッシュを使ったアート作品がつくられていきます。手のこんだ作品が並び、観客はそれを見るために長い列をなします。

サツマイモ

　サツマイモは塊根で、根の先端に芽があります。芽はつねに見えているわけではありませんが、間違いなく存在しています！　再生栽培も可能で、次の冬中いただけるだけの十分な量が収穫できます。塊根から再生栽培して収穫するまでには３つのステップが必要ですが、時間をかけて栽培する楽しみがあります。わずかな投資でたくさんの収穫を得られるのですから。

　中には、化学処理されていて、発芽しないサツマイモもありますから注意してください。できれば有機栽培されたものを買うか、ファーマーズ・マーケットで購入しましょう。その際は、発芽用に余分に１本確保しておいてください。

根菜を土植えで再生栽培する

サツマイモの恵みをどうやって利用すればいいかわからない？　サツマイモは用途が広く、ほぼどんな方法でも調理できます。ほかの根菜や水挿しで育てたローズマリー（p.116を参照）と一緒にローストしましょう。茹でて裏ごしすれば、スイートマッシュポテトがつくれます。サツマイモのキャセロールもできます。薄く切って揚げてもいいでしょう。シナモンを使ってスイーツにしたり、ハーブを添えて香りのいいものをつくればとても美味です。

サツマイモの再生栽培

　サツマイモがぴったり入る広口のグラスか瓶、つまようじ、はさみ、ポット用土、育苗箱、じょうろを用意します。
　自宅でのサツマイモの栽培には、主に3つの段階があります。

1. 発芽させ、挿し芽をつくる

2. 挿し芽を切りとり、発根させる

3. 挿し芽を土に植える

　サツマイモは、成長して、収穫できるくらい根が大きくなるまでには数カ月を要します。まずは、最低でも2-3カ月かけて挿し芽を栽培し、それから外に植えましょう。

ステップ1：発芽させ、挿し芽をつくる

1. サツマイモを瓶かグラスに入れます。根を下に、芽（茎）を上にしてください。実際にやるとなると、難しいかもしれません。上下をどうやって見わければいいのでしょう。概して根の方が細くとがっています。一方の端から芽がでていることもあります。その場合は、そちらが上、ということです。
　サツマイモが短くて、グラスの下に落ちてしまうようなら、根の方につまようじを4本刺せば、サツマイモの上部をグラスの縁からだしておけます。

2. グラスに水を入れます。その際、サツマイモが最低でも5-8cm程度は水からでているようにしてください。[a]

3. しばらくすると小さな芽がでてきます。その芽がやがて挿し芽になります。芽がでてきたら、週に1度程度水を換えてください。根が乾燥しないようにしましょう。ここまでで4-6週間ほどかかります。

小さな茎が8-10cmくらいまで伸びてきたら、次の段階に移ります。

ステップ2：挿し芽を切りとり、発根させる

1. 挿し芽を切りとります。サツマイモ1本で5-15本ほど挿し芽ができます。

2. きれいなグラスか瓶に水を入れ、挿し芽を入れます。[b]

根菜を土植えで再生栽培する

3. 挿し芽から発根してきます。あっという間です。根が最低でも3cmほどになったら、土に植えます。

ステップ3：挿し芽を土に植える

　まずは育苗箱に植えてさらに発根させ、それから植え替えます。外に植えてもいいでしょう。外に植える場合は、あなたの居住地で最後に霜が降りてから1カ月ほどたち、土が温まってきてからにしてください。天気のいい日に、畝かよく耕した土に植えます（畝は、土を

庭に植え替えたサツマイモの挿し芽が塊根をつくりはじめます。

栽培情報

たくさん収穫したいなら、地植えにしましょう。コンテナで栽培すると、根が太くならずに、コンテナ内を回るようにただ細長く伸びていくだけ、ということがあります。

自宅の庭から収穫したサツマイモは、植木鉢で育てたものに比べると得てしてまるまるとしています。

10-20cmほど盛ってつくります。挿し芽を植えるのは、一番高い部分です）。50cmほど間をあけて、植えてください。

どんどん育てて収穫しよう！

　植え替えてしっかりと根づくまでは水をたっぷりやります。あとは乾燥気味にして、茎を好き放題に成長させてかまいません。そして10月初旬から中旬になったら、慎重に掘りかえし、塊根を引き抜いていきます。1本の挿し芽から、3-8個の新しいサツマイモができているでしょう。収穫したら、1週間ほど高温多湿の場所に置いて、キュアリング処理します。その後、汚れを落として紙袋に入れ、使う時まで貯蔵場所に保存しておきます。3-5カ月はおいしくいただけます。忘れずに、再生栽培用のサツマイモをとりわけておきましょう！

こぼれ話

サツマイモは食用以外にも用いられます。1864年に生まれた著名な植物学者にして発明家、そしてピーナッツの研究でも有名だったジョージ・ワシントン・カーヴァーは、染料やウッドフィラー（木材用のパテ）、接着剤など、サツマイモを原料とした製品を118も開発しました。

根菜を土植えで再生栽培する

葉茎菜を
土植えで再生栽培する

llllllllllllllllllllllllllll

タマネギやリーキを調理するときは、根元を捨てないでください！　そこから再生栽培できるのですから。こうした葉茎菜は、再生栽培が最も簡単にできる植物の1種です。植物の成長に必要なすべてが最初から揃っているため、とても理にかなっていると言えるでしょう。無事に成長するかどうかを心配する必要はなく、それぞれの植物の成長に適した環境に植えればいいだけです。

1章で見てきたように、ニンニクやエシャロット、タマネギなどの鱗茎は、茎の変形です。生長点は、何重もの鱗片葉に守られた鱗茎の中心部にあります。私たちが食べているタマネギやリーキは葉の部分で、圧縮されて根元近くにあるのが茎です。

葉茎菜は、手間もかからず、長期間にわたってたっぷり収穫もできるので、再生栽培にはもってこいです。基本的な栽培方法はいずれも同じですが、収穫できるものと栽培のタイミングはそれぞれ微妙に異なります。細い点に十分に気をつけてください。エシャロット以外のタマネギの仲間はすべて、庭で育つに任せていれば、いずれ花が咲き、種ができます。くり返し収穫を続ける1つの方法です。種から育てて収穫するまでには、いずれの植物も時間を要しますが、この時間もまたガーデニングの楽しみでしょう。中には、

とりあげる植物

タマネギの仲間は本章の再生栽培方法に最適です。

- ニンニク
- タマネギ
- エシャロット
- リーキ

再生栽培から2週間たったリーキ。

水耕栽培でも簡単に再生できるものもありますが、最終的に得られるものは違ってきます。水耕再生栽培の詳しいやり方については、5章を参照してください。

　（厳密に言えば、根茎も塊茎も茎の変形ですが、栽培方法は、ほかの茎の変形や本章で扱う葉茎菜とは異なります。これらの栽培については、2章をご覧になってください。）

栽培情報

タマネギの仲間はほとんどが冷涼植物です。そこで、これらを外で再生栽培、もしくは栽培するつもりなら、農林水産省やガーデニングの本でご自分のいる地域について調べ、いつ植えればいいのかを確認して、最大最良の収穫を得てください。

ニンニク

　ニンニクなしで調理をするなど、想像できますか？　ニンニクがなければ、何であれ多少とも風味豊かに仕上げることは難しいでしょう。ニンニクのピリッとした香りは、細胞が壊れる際の化学反応によるものです。だからまるごとのニンニクは無臭なのに、刻んでいると目から涙がでてくるのです。花茎と言われる花が咲く部分は食べることができます。茎は通常春に伸び、先端がまるく膨らんできます（ここが開いて花が咲きます）。茎の部分はニンニクの芽と言いますが、この酢漬けはことのほか美味です。

　普段食料品店で購入できるニンニクには、店先に並んでいる間は発芽しないよう、概して化学処理が施されています。つまり、それを植えても、発芽するかしないかわからない、ということです。そこで、有機栽培のニンニクを購入するか、もうすでに発芽している古い小鱗茎を探しましょう（食料品店や生協で売られていることもあります）。まるごと1個購入するなら、栽培用に数片とっておいてください。たっぷり収穫したいなら、一番大きな鱗茎を植えるといいでしょう。

　室内で栽培する場合は、鱗茎ができるほど大きくはならないので、葉を食します。鱗茎を育て、乾燥保存したいなら、いずれは室外に植え替えなければなりません。あなた

の住んでいる地域ではどんな種類をいつ植えたらいいのか、地元の植栽情報を調べてください。たいていは秋に植えるのがいいでしょう。そうすれば春か初夏に収穫できます。極めて温暖な気候で非常によく育つのはジャンボニンニクです（ただしこれは、ニンニクに似ていますが、実はニンニクではありません）。ハードネックニンニクは寒冷地で、ソフトネックニンニクはより温暖な地域でよく育ちます。

ニンニクの再生栽培

鉢用有機培養土、植木鉢（直径10-15cm）、受け皿、じょうろを用意します。

1. 鱗茎を小鱗茎にわけます。皮を剥く必要はありません。[a]

2. 鉢に土を入れます（地植えにするつもりなら、土をほぐしてふかふかにしてください）。

3. 小鱗茎を埋めこんでいきます。小鱗茎は、間隔をあけずに植えられます——せいぜい1cmもあければ大丈夫です（地植えの場合は日当たりのいい場所を選び、15cmほど間隔をあけて植えてください）。[b]

4. 土に水をかけ、軽く絞ったスポンジ程度に湿らせます。

5. 鉢を日当たりのいい明るい場所に置きます。（室内外を問わず）土はつねに均一に湿っているようにしておいてください。室内であれば、あっという間にシュートがでてくるはずです。室外だと、しばらくかかるかもしれません。地植えのニンニクは、まず先に根を伸ばし、それからシュートを伸ばしてくるからです。また地植えの場合、根を伸ばしたら、ニンニクは初春まで休眠します。

こぼれ話

ニンニクには抗菌性があり、昔から殺菌や抗菌に用いられてきました。

芽がでてきたニンニクは香りも飛んでしまうので、再生栽培に使いましょう！

栽培情報

地植えの場合、地上部がカサカサになってきたら水やりを中止します。その時点で、植物のライフサイクルは終わりに近づいています。あとは枯れるに任せてください。

どんどん育てて収穫しよう！

室内で育てているなら、調理中でも葉をはさみで切れます。小鱗茎とはまた違った香りがあり、ワケギと同じように使えます。必要に応じて葉を切り、新芽がでなくなったら、小鱗茎は堆肥の山に加えてください。

地植えなら、まず根が伸びるに任せ、その後、春に新たなシュートが伸びてくるのを待ちましょう。花茎がでてきたら、切りとっていただきます。そうすることで、植物のエネルギーは小鱗茎に向けられ、大きくみずみずしい小鱗茎が育つのです。

葉が枯れてきたら鱗茎を掘りだし、吊して乾燥させます。

葉茎菜を土植えで再生栽培する

すでに発芽しているタマネギは、再生栽培にうってつけです。

タマネギ

　紙のような薄皮のある大きなタマネギは、サンドイッチのトッピングにしたり、ニンジンやセロリと炒めてスープのベースにしたりします。おそらくどんなときでも、冷蔵庫の奥に最低1個は古くなったタマネギがあることでしょう。ひょっとしたら芽がではじめているかも！それこそ実験にぴったりです。うまくいくことはもうわかっているのですから。それはすでに育ちはじめているタマネギなので、あとは成長を続けさせればいいだけです。

　中には、発芽しないよう処理されているものもあります。ですから、あなたが再生栽培しようとしたタマネギが発芽しなくても、あなたの園芸技術がたりないわけではありません。問題はきっと、タマネギの方にあるのです。そのタマネギは堆肥の山に加えて、もう1度やってみましょう。

　タマネギは日照時間に敏感なので（厳密に言えば、暗い時間帯に敏感なのですが）、調理の際にとっておいたタマネギを地植えにすると、新しいタマネギの鱗茎ができる可能性もあります。ただしそれは、やってみなければわかりません。

タマネギの再生栽培

鉢用土、鋭利なナイフ、イソプロピル・アルコールかライゾール®、植木鉢（直径10-15cm）、受け皿、じょうろを用意します。

1. 発芽しているタマネギを慎重に切ります。芽を傷つけないように注意しながらナイフを入れていきましょう。芽が複数ある場合もあります。ⓐ ⓑ

2. 鉢に土を入れます（地植えにするつもりなら、土をほぐしてふかふかにしてください）。

3. 5cmほど間隔をあけて植えていきます。根を含めて、3cmほど土に埋め、発芽している部位や生長点はだしておいてください（地植えの場合は、日当たりのいい場所を選びましょう）。ⓒ

4. 土に水をかけ、軽く絞ったスポンジ程度に湿らせます。

5. 鉢を日当たりのいい明るい場所に置きます。（室内外を問わず）土はつねに均一に湿っているようにしておいてください。室内であれば、あっという間にシュートがでてくるはずです。

葉茎菜を土植えで再生栽培する

どんどん育てて収穫しよう！

　室内で栽培し、香りのいい葉を切りとって調理に使いましょう。室外での栽培も可能です。その場合は、大きな鱗茎も収穫できるかもしれませんから、調理に使っても、そのまま再生栽培を続けてもいいでしょう。地植えにして栽培していけば、やがて地上部が茶色く変色し、倒れてきます。そうなったら、鱗茎を引き抜き、室外でキュアリング処理を行ってください。その後、室内の冷乾所に保存します。

室外で栽培して収穫した鱗茎を保存するなら、室内に入れる前に、必ずキュアリング処理を行ってください。

栽培情報

地植えで栽培する際は、こまめに雑草をとり、水やりをしてください。タマネギは根を深く張れないので、すぐに乾燥してしまい、雑草に負けてしまうことがあるからです。

エシャロット

エシャロットもタマネギの仲間ですが、その味はタマネギやニンニクよりもマイルドです。フランス料理でよく用いられ、サラダのドレッシングに素晴らしい風味を添えます。アジアの料理では、揚げたり漬けたりして供されることがあります。

ニンニクのように成長し、1つの鱗茎の中に複数の小鱗茎を有します。新たな鱗茎を育てるには多少時間を要しますが、室内で再生栽培すれば、より早く、香りのいい葉を収穫できるでしょう。

エシャロットの鱗茎を半分に切ると、「小鱗茎」が見えます。

葉茎菜を土植えで再生栽培する

エシャロットの再生栽培

鉢用土、植木鉢（直径10-15cm）、受け皿、じょうろを用意します。

1. エシャロットの鱗茎を割り、大きな小鱗茎を栽培に使います。[a]

2. 鉢に土を入れます（地植えにするつもりなら、土をほぐしてふかふかにしてください）。

3. 小鱗茎を2-4cmほどの深さまで埋めます。間隔は2-5cm程度あけましょう。（地植えの場合は、日当たりのいい場所を選んでください）。[b]

4. 土に水をかけ、軽く絞ったスポンジ程度に湿らせます。地植えの場合は、最初に根が伸び、それから茎がでてきます。秋に植えると、ときに成長を止めることがあるかもしれませんが、春になれば、ちゃんと鱗茎が育ってきます。

5. 鉢を日当たりのいい明るい場所に置きます。（室内外を問わず）土はつねに均一に湿っているようにしておいてください。室内であれば、あっという間にシュートがでてくるはずです。

こぼれ話

エシャロットは、伝統的なベアルネーズソースに香りを添えます。

キッチンのカウンターで栽培をはじめてから数週間後には、しっかり発芽しています。

どんどん育てて収穫しよう！

室内で栽培し、香りのいい葉を切りとって調理に使いましょう。ワケギと同じように使えます。

温暖な地域（何カ月も地面が凍ってかたくなったりしない地域です）では秋に、寒冷地では春に植えてください。植えたらすぐにたっぷり水をやり、その後は土が乾いてきたらやります。

鱗茎が直径5cmほどになったら収穫をはじめて大丈夫です。引き抜いて、乾燥させます。引き抜いたら、その場でキュアリング処理を行います。タマネギと同じです。

栽培情報

日脚が延びてくると、思わず調理に使いたくなるような、しっかりとした、みずみずしい鱗茎が成長してきます。秋に植えても成長はしますが、収穫は春までお預けです。

根が切り落とされているリーキを買っても、おそらく再生栽培は難しいので、
この写真のようにしっかりと根がついているものを探してください。

リーキ

　私の大好物です！　興味を持ちはじめたのは、バーモントにいたころよくかよっていた
レストランで、ジャガイモとリーキのスープをいただいてからでした。その後、ニューヨー
ク北部のへんぴな地に引っ越し、食べたいものは何であれ、すべて自分でつくらなければ
ならなくなりました。もちろん、ジャガイモとリーキのスープもです。まあ、結局のところ、
リーキは簡単に栽培できるし、調理するのも楽しいのですが。

　リーキはタマネギの仲間で、ほかの仲間同様、圧縮された生長点が食べられる葉に包
まれています。再生栽培したいなら、根がしっかりとついているものを購入してください。

このリーキは水耕再生栽培用です。

　根元が切り落とされていれば、生長点も一緒に切り落とされている可能性が高いでしょう。

　リーキは室内外を問わず、驚くほど簡単に栽培できます。ここで紹介しているのは土に植える方法ですが、水耕栽培も可能です。その場合は、p.110のワケギの栽培方法と同じように行ってください。いずれの方法でもしっかり育ちます。土に植える方が多少成長が早いようですが、土をいじりたくないなら水耕栽培がいいでしょう。再生栽培をしてどんなふうに育つかは、植えたときのリーキの大きさによります。（指の太さくらいの）小さめのリーキを買っても、室内外を問わずそれなりの大きさに成長しますが、もっと太くて大きいリーキなら、収穫後はスープにしても焼いてもよく、ほかにもいろいろ楽しめます。大きいリーキを買えば、とても香りのいい緑の葉を収穫することもできるかもしれません。

葉茎菜を土植えで再生栽培する

リーキの再生栽培

　鉢用土、鋭利なナイフ、イソプロピル・アルコールかライゾール®、植木鉢（直径10-15cm）、受け皿、じょうろを用意します。

a

1. リーキの根元を5-8cmくらいの長さに切ります。[a]

2. 鉢に土を入れます（地植えにするつもりなら、土をほぐしてふかふかにしてください）。

3. リーキを植えていきます。その際、2cmほど土からだしておくようにします。植木鉢に植えるなら、あまりスペースをとらずに植えても大丈夫です（地植えの場合は、日当たりのいい場所を選び、10-15cmほど間隔をあけて植えてください）。[b]

4. 土に水をかけ、軽く絞ったスポンジ程度に湿らせます。

5. 鉢を日当たりのいい明るい場所に置きます。（室内外を問わず）土はつねに均一に湿っているようにしておいてください。

こぼれ話

ローマ皇帝ネロは大量にリーキを食べていたので、陰で「リーキ・イーター」<ruby>リーキを食べる人<rt></rt></ruby>と呼ばれていました。

栽培情報

リーキはいつでも好きなときに収穫できます。調理用なら、大きく成長させた方がいいですが、細いリーキでも十分に使えます。

b

どんどん育てて収穫しよう！

　リーキの葉は、ワケギと同じように調理に使えます。刻んで、サラダやスープ、ディップなどに加え、香りを添えましょう。

　室外栽培の場合は、寒い時期でもそのまま外にだしておいて大丈夫です。それなりの大きさに成長しますから、収穫して、スープやフリッタータなどに使うといいでしょう。土はつねに均一に湿らせておき、雑草をこまめにとりのぞいてください。リーキの根元に土をかけていけば（これを盛り土と言います）、調理にぴったりの太くて白い、きれいな茎が育ちます。

　リーキを栽培していると、層の間に土くれや砂つぶが入っていることがあります。スープがジャリジャリしないようにするなら、リーキを縦半分に切ってから、細かく横に切っていくのが一番です。それからボウルに入れ、しっかりとすすぎ洗いをして、砂つぶなどをすべて、きれいにとりのぞいてください。

土や水で種から栽培する

種からの栽培は、ガーデニングの中でも最も自然なことですが、キッチンの野菜くずを再生栽培するときには、必ず行うものではありません。けれど、野菜くずの種をとっておき、その種を蒔いて育て、たっぷりの収穫を手にしたり、わくわくする好奇心を満たすことはあります。基本的に水耕栽培する種、もしくは最初は水耕栽培で育てる種が1つあります——アボカドです。これ以外はすべて、土に蒔きます。

種には、新しい植物を成長させるために必要なものがすべて含まれています。種は、野菜くずの中で唯一のワンストップショップ——つまり、すべてを備えた存在です。

調理の際にとりわけておいた種を蒔いて何ができるかは、もとの植物次第です。すべての種から、原種とまったく同じ実ができるわけではありません。多くの園芸植物は、2つの親品種をかけ合わせたものです。そしてそこからつくられる種は、親品種の一方の遺伝的特質を完全に消してしまうこともあるのです。でも、だからと言って栽培をやめたりしないでください！

種があればいろいろなことが楽しめますが、中には独自に一手間必要な種もあります。殻をとったり、割ったり、層別化（一定期間、低温の湿った状態を経験させること）、発酵、乾燥などです。以下のそれぞれの植物の項では、種ごとに必要な手順を示してあります。

アボカドの種は、土に植える前にまず水耕栽培します。
詳細はp.99を参照してください。

とりあげる植物

- マイクログリーン
- パンプキンとクリカボチャ
- 柑橘類
- トマト
- メロン
- トウガラシ
- 果樹
- アボカド

スプラウトの一歩先を行くのがマイクログリーンです。

マイクログリーン

　スプラウトという言葉はご存知だと思います。では次はマイクログリーンです！　これはスプラウトのようにも食べられますが、スプラウトよりもはるかに栄養価が高いので──そしてはっきり言ってもっとかわいいので──サラダやサンドイッチ、スープに加えるといいでしょう。また、つけ合わせとして用いるなら、新芽の段階で収穫せず、そのままさらに栽培してください。マイクログリーンは、瓶や袋の中で発芽させるのではなく、ただ単に種を土に蒔いて成長を促します。発芽前の種の中にすでにできている「子葉」を食べるのがスプラウトです。対してマイクログリーンはもっと成長したもの、つまり子葉のあとから成長する「本葉」か第一葉です。マイクログリーンの方が栄養もぎっしり詰まっています。

　マイクログリーンの栽培に適した種をいくつか挙げてみましょう。

- パクチー
- フェンネル
- レンズ豆
- カラシナ
- ゴマ
- ヒマワリ

　マイクログリーンとして栽培するために購入する場合、一番安価な種はレンズ豆とヒマワリです。レンズ豆のスープをつくるなら、ほんの一握りの乾燥レンズ豆をとっておいて蒔けば十分です。トレイルミックス（アウトドアの携帯食）の定番食材と言えばヒマワリの種でしょう。再生栽培用にとっておくのであれば、外皮がかたい未処理の種を購入してください。本格的にマイクログリーンを栽培するなら、費用効率が高いのはブラックオ

イルサンフラワーの種です。これは鳥の餌を扱っている店で購入できます。当然ながら、この種を調理のために手元に置いておくことはまずありません。

　スパイス棚をのぞいてみましょう。コリアンダーやフェンネル、カラシナ、(炒っていない)ゴマなどのハーブの種はありませんか。種はそれぞれ生育時期が違います。蒔かずにそのままにしておいても、ほかの種より長い間耐えられる種もあります。ドライハーブの主旨は栽培ではなく調理ですから、スパイス棚からマイクログリーン用の種を探しだしたら、すぐにコンテナに蒔く前に発芽テストを行って、発芽するかどうかを確かめるといいでしょう(発芽テストのやり方はp.24を参照してください)。テストの結果発芽しなければ、その種は古くなっていて、生育時期をすぎていただけのことです。そういうときは、わざわざ種を蒔いてせっかくのハーブを無駄にしたりしないでください。でも、発芽するものもあるかもしれませんから、このテストはやってみる価値があります！

マイクログリーンの栽培

　鉢用土、育苗箱か底に穴を開けたプラスチックの保存用コンテナ、受け皿、ラップかコンテナにぴったりのプラスチックの蓋、じょうろを用意します。

1.　育苗箱かコンテナに鉢用土を入れます。

2.　種を蒔きます。マイクログリーンの場合は、土の表面にたっぷり蒔いてください。

3.　上から土を振りかけ、全体を軽く覆います。 [a]

4. 土に水をかけます。軽く絞ったスポンジよりももう少し湿らせてください。水をやることで種の外層（種皮）が膨らみ、植物に成長のときがきたことを知らせる一助となります。

5. コンテナまたは育苗箱をプラスチックの蓋かラップで覆い、湿った状態を維持してください。 b

6. 育苗箱またはコンテナを明るい間接光の当たる、暖かい場所に置きます。

7. 土の湿り気を定期的にチェックします。つねに均一に湿った状態になっているようにしてください。ただし、決してびしょびしょにはしないこと。

8. 芽がでてきたら覆いを外します。

こぼれ話

ヒマワリは無数の小さな花からなる頭状花序をつけます。その小さな花の1つ1つから1粒ずつ種ができ、それぞれの種からは最高のマイクログリーンができます。

マイクログリーンは一度しか収穫できません。はさみで切りとったら、もうそれでおしまいです。

栽培情報

マイクログリーンの栽培に使うコンテナは、必ず排水用の穴があいているものにしてください。さもないとあっという間に腐ってしまいます。

収穫しよう！

「本葉」が2-3枚でてきたら収穫します。植物によっては、3-4枚の葉があるように見えるものもあります。ふつう子葉は、本葉がでてくるとしおれてきますが、すべての子葉が必ずしおれるわけではありません。はさみを使って、土の表面でシュートを切ります。コンテナや土は再利用できますが、植物はこれで終わりです。

マイクログリーンはサラダやサンドイッチ、ラップサンド、スープに風味を添えてくれますし、つけ合わせとしても活躍します。発芽直後のものも「成長した」ものと味わいはほぼ同じですが、通常は少しマイルドです。

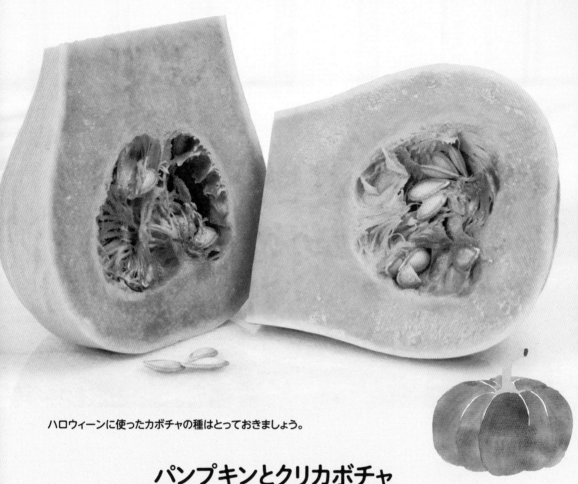

ハロウィーンに使ったカボチャの種はとっておきましょう。

パンプキンとクリカボチャ

　パンプキンをくり抜くのは、秋に欠かせない伝統行事です。めずらしい華やかなカボチャやボコボコの丸いもの、細長いカボチャも、寒い時期の飾り物として楽しめます。私が子どものころは、父がくり抜くのを手伝ってくれ、母は、そのあとも私たちが楽しめるよう、カボチャの種をきれいに洗ってローストしてくれました。本当においしかったです！　では、その種をいくつかとっておいて発芽させたらどうでしょう？　春になると多くの園芸家が、ハロウィーン後に堆肥の山に投げ入れたジャック・オー・ランタンから太いつるが伸びているのに気づきます。でも、自分で種をきれいに洗って蒔くなら、自分の好きな場所で栽培できます。

　カボチャなどのウリ科の仲間は他家受粉します。あなたが植えたカボチャからどんなものが得られるかを決めるのは、あなたが食べた（またはくり抜いた）カボチャの生育環境です。同じ種類のカボチャが無数に育っている場所にあったなら、おそらくあなたが購入したのと同じカボチャが育ちます。けれど、いろいろな種類のカボチャが混在する中で栽培されたものなら、実に面白いものが得られるかもしれません。何ができるかわからないからと言って、栽培しないのはもったいないでしょう！

土や水で種から栽培する

パンプキンとクリカボチャの栽培

　カボチャを栽培するなら、ガーデンフォークと、最低でも120×370cm程度の屋外スペースが必要です（つるがぐんぐん伸びるため、室内での栽培は難しいでしょう）。これだけのスペースがあれば、6-9粒ほど種を蒔くには十分です。種蒔きは、土が温かく、状態がいいときに行います。トマトの種を蒔くとき一緒に行ってもかまいません。カボチャの旬である秋に収穫したい場合は、6月か7月に蒔いてください。

1. 種を蒔く場所の土を、ガーデンフォークかカルチベーター（鍬）で耕します。

2. 耕した土の一部を使って、高さ15cmほどの畝をつくってください。

3. 畝の上に3-4粒、5-8cm程度間隔をあけて種を蒔きます。畝と畝の間隔は、栽培する品種によって異なりますが、これは保存しておいた種からではわからないかもしれません。そこで、あまりにもたくさんつるが伸びてきたら、何本か引き抜いてください！

4. 種を蒔いたらすぐに、たっぷり水をやります。

5. 土の湿り具合を定期的にチェックします。つねに均一に湿った状態になっているようにしてください。ただし、決してびしょびしょにはしないこと。

6. 植物が成長している間は、窒素、リン酸、カリウムのバランスがとれた複合肥料（各成分の比率が同じもの）を月に一度与えます。

どんどん育てて収穫しよう！

　カボチャはいつ収穫すればいいでしょう？　この問いは昔からあるのかもしれません。厳寒期を乗り切らなければカボチャは熟さない。というのは俗説です。むしろ厳しい寒さはカボチャを台なしにしてしまいます。外皮がかたくなり、均等に色づいてきたら収穫できます。ただし、いぼのあるカボチャなどは、均等な色づきで判断するのは難しいかもしれません。その場合は外皮のかたさで見極めましょう。

こぼれ話
カボチャの花は食べられます！

このカボチャはまだ多少つやややかですから、収穫まではもう一息です。

クリカボチャの外皮は、もちろんかたくなりますが、その色味はつやややかというよりむしろくすんでいます。未熟な実の方がつやややかですから、注意してください。だんだんとつやがなくなってきたら、もうすぐ収穫できるということです。

収穫したカボチャは乾燥した冷暗所に保存します。また栽培ができるよう、種はとっておきましょう。

栽培情報

カボチャは、霜にあてなくてもきちんと熟します。外皮のつやがなくなってきたらすぐに収穫しましょう。

土や水で種から栽培する

柑橘樹は常緑樹で、香りのいい花とおいしい実をつけます。

柑橘類

　レモンやライム、マンダリンは、手軽に楽しく室内栽培ができます。ほかの多くの果樹と違い、花も咲けば実もなります。しかもさほど大きくならずに。家庭で楽しむのにぴったりです。私たちが購入する柑橘類の大半は、挿し木した果樹になったものです。既存品種から切りとった枝の先端を、別の柑橘樹の台木に挿し木します。

　しかもその先端（穂木と言います）も、交配種から切りとられた可能性があります。つまりオレンジやレモン、ライム、グレープフルーツは、さまざまな種がさまざまに交配してできたものなのです。いろいろな種類の木は、先端の穂木となる挿し木の栄養繁殖によって命をつながれています。要するに、例えばマイヤーレモンの種をとっておいて植えると、柑橘類は育ちますが、必ずしもマイヤーレモンが収穫できるわけではありません。その実は食べられるかもしれませんし、酸味や苦味が強くて食べられないかもしれません。けれどいずれにせよ栽培は楽しめます。もしも純種の温州ミカンを手に入れられるなら、実際に食べたものとほぼ同じ実をつける果樹を確実に栽培できるでしょう。

穂木と台木を接ぐところを接合部と言います。穂木と台木を接いだら、写真のように接合部をしっかりと固定してください。

グレープフルーツを栽培したいなら、半分に切る際、種も切らないように気をつけてください。写真の種は、1つがダメになってしまいましたが、残りは大丈夫です。

柑橘類の栽培

　鉢用土、植木鉢かシードトレイ、受け皿、ラップかプラスチックの蓋、じょうろを用意します。
　種は果実からとりだしたら、果肉を洗い流してきれいにしておきます。蒔くまで種を保存するなら、数枚重ねて濡らしたペーパータオルにはさんでビニール袋かプラスチックのコンテナに入れ、冷蔵庫に入れてください。種は乾燥させてしまうと発芽しません。

1. 鉢に土を入れます。

2. 少なくとも3粒は種を蒔いてください。

3. 上から土をしっかりとかぶせて、種を覆います。

4. 土に水をかけます。軽く絞ったスポンジよりももう少し湿らせてください。水をやることで種の外層（種皮）が膨らみ、植物に成長のときがきたことを知らせる一助となります。

こぼれ話

グレープフルーツは、スイートオレンジとザボンという明らかに異なる2種の柑橘類の交配種です。レッドグレープフルーツの中で商業品種として最初に成功したのがルビーレッドでした。

5. 鉢またはシードトレイをプラスチックの蓋かラップで覆い、湿った状態を維持してください（何の覆いもないまま鉢やトレイを屋外にだしておくなら、発芽して育っていく間ずっと、土が確実に湿った状態を維持できるよう目を光らせていなければなりません）。 [a]

6. 鉢またはトレイを明るい間接光のある、暖かい場所に置いてください。

7. 土の湿り具合を定期的にチェックします。つねに均一に湿った状態になっているようにしてください。ただし、決してびしょびしょにはしないこと。

8. 芽がでてきたら覆いを外します。

どんどん育てて収穫しよう！

うまく発芽したら、今度はしっかりと育てていかなければなりません。花や実はすぐにはならないのですから。花が咲くまでに4-5年かかることもあります。それまでは、明るい間接光のもとで育てましょう（西または南向きの窓辺がおすすめです）。土はつねに、軽く絞ったスポンジ程度に湿らせておきます。活発に成長している間は、柑橘類用の肥料を与えてください（淡い緑の若葉がどんどんでてきますから、それを見れば成長中かどうかは簡単にわかります）。

夏の間はつねに外にだしておいてください。室内栽培のままだと、ストレスを受けやすく、ハダニやカイガラムシの被害を受けることがあるからです。けれど夏の間鉢を外にだし

柑橘樹は室内で栽培できます。

ておけば、ハダニやカイガラムシの天敵が問題を解決してくれます。まずは1週間ほど日陰の安全な場所に置いておき、寒さに慣れさせます。その後は、直接風が当たらないことを確かめたうえで、より日当たりのいい場所に移しましょう。土はつねに均一に湿った状態にしておきます。気温が5℃を下回る前に室内に戻してください。春がくるたびに、さらなる成長を考慮してより大きな鉢やコンテナに植え替えます。前年よりも直径が10-15cmほど大きな鉢を選べば大丈夫です。最初に鉢の底にある程度土を入れてから、根鉢を入れます。そのまわりに土をしっかりと入れてください。根鉢の上面が鉢より上にでないよう気をつけましょう（鉢の縁から3cmほど下になるようにします）。根鉢の上から10cm以上土をかけるのもダメです。

　実の収穫時期は、どうすれば見極められるのでしょう。実際、それは難しい問題です。種を蒔く際、最終的にどんな実がなるかは誰にもわからないのですから。どんな交配種の種を蒔いたのかを調べ、試しに収穫して食べてみるなどして見当をつけましょう。思った以上に酸っぱいかもしれませんが、完熟した実は、あなたが種をとっておいたもとの果実よりも酸味が強い場合もあるのです。

栽培情報

柑橘類専用の肥料を購入する価値は十分にあります。柑橘類は肥料の与え方が独特なのですが、肥料の入った袋にはそのやり方や必要な量が記されていますし、何より、柑橘類のためだけにつくられた肥料だからです。

自家栽培のトマトほどおいしいものはありません。

トマト

　カボチャや柑橘類の項で、交配種や受粉について簡単に述べましたが、同じようなことがトマトにも言えます。固定種トマトを購入すれば、トマトは自家受粉しますから、最終的にあなたが食べたのとよく似た実がなる、生存能力の高い種が採取できるでしょう。ただし、エアルームと称するのに厳格な規定はないため、トマトを1箱買ったはいいけれど、実はそれは「エアルームトマト」とは似ても似つかないものだった場合もあるかもしれません。

　調理に使うのに、色つやのいいトマトを自家栽培したり、そんなトマトを市場で購入するなら、種をとってくことをおすすめします。特に品種わけはされていないものの、ことのほかおいしいトマトを食べたときは、種を残しておけば、その風味をもう一度楽しめるでしょう。種を発酵させれば、種の発芽を抑制する効果を持つ果肉をきれいにとりのぞきます。

a

トマトの栽培

　鉢用土、育苗トレイか植木鉢、受け皿、プラスチックの蓋かラップ、支柱か柵、麻ひもかビニタイを用意します。

1. トレイか鉢に土を入れます。

2. トレイであれば、1つの仕切りに2粒ずつ種を蒔きます。鉢の場合は、最低でも8cmほど間隔をあけて、2粒ずつまとめて蒔いていきましょう。

3. 上から軽く土をかけて、種を覆います。

4. 土に水をかけます。軽く絞ったスポンジよりももう少し湿らせてください。水をやることで種の外層（種皮）が膨らみ、植物に成長のときがきたことを知らせる一助となります。

5. トレイか鉢をプラスチックの蓋かラップで覆い、土が湿った状態を維持します。

6. トレイか鉢を明るい間接光のある、暖かい場所に置いてください。グロウライトがあればなおいいでしょう。

7. 芽がでてきたら、覆いを外します。 a

8. 土の湿り具合を定期的にチェックします。つねに均一に湿った状態になっているようにしてください。ただし、決してびしょびしょにはしないこと。

9. そのまま、本葉が少なくとも3-4枚でるまで成長させます。それから寒さに慣れさせ、庭に植え替えます。

こぼれ話

トマトの野生原種はペルー原産のつる植物で、植物学者の間ではカラントトマト、もしくは単に「ピンプ」と呼ばれています。カラントトマトの実は、さやを剥いたグリーンピースくらいの大きさです。

土や水で種から栽培する

発酵を利用して種をきれいにする方法

　種が腐らないよう、蒔く前にきちんときれいにしておくには（果糖が残っていると、バクテリアや菌類を引き寄せてしまうことがあるからです）、発酵させなければなりません。この発酵の方法が効果を発揮するのは、トマトとナス、それにカボチャです。

　ふるいか濾し器、蓋つきのガラス瓶、スプーン、ペーパータオルか乾燥スクリーンを用意します。

1. 果実から種をかきだします（もしくは絞りだしてください）。[a]

2. 種と果肉をきれいなガラス瓶に入れて、そのまま2-3日おいておき、発酵させます。[b]

3. 毎日種をかき回して、発酵を促してください。

4. ガラス瓶に大さじ2-3杯の水を加えて、中身を静かに撹拌します。

5. ガラス瓶の上部に浮かんでくる果実と果肉を捨てます。種は沈むでしょう。

小さなトマトの種。

6. 濾し器を使って不純物をとりのぞき、きれいな水で種を洗います。 c

7. きれいなタオルか乾いているペーパータオルに種を広げ、最低でも1週間は乾かしてください。

　発酵が終わった時点で、乾燥スクリーンに種を広げてもかまいません。その場合、1日に1回は種を動かしてください。乾燥したら、きれいに乾いているビニール袋かガラスのコンテナに保存しておくといいでしょう。

栽培情報

発酵させた果肉が固まることがあります。けれど水を加えれば、
この小さなかたまりは浮いてきますから、つまんで捨てましょう。

どんどん育てて収穫しよう！

　夜間の最低気温が21℃になったら、トマトを屋外に植えます。トマトは暖かい気候を好みますから！　つる性の品種は、支柱か柵を立てます（自分の育てているものがどんな品種かわからなくても大丈夫です。つる性の植物はひたすら成長していきます。対して芯止まり品種は、遺伝的にある程度の大きさまでしか成長しません。通常は120cmくらいまでです）。生育期間中は、トマト専用の肥料を与えてください。

　あなたが栽培している品種が、その品種らしく色づいたら、熟した合図です。意外な色になってきた場合は、必ず味見をしてみましょう！

　一番おいしかったトマトの種をとっておけば、次の年もまた栽培できます。

栽培情報

屋外に植え替えるときには、一番上の葉1組を残してすべての葉を摘みとります。そして、残した葉だけが地表にでるよう、深く植えてください。

メロンの種は、カボチャの種と同じようにとっておいて再生栽培に利用できますが、果肉をきれいにとりのぞくために、トマトの種と同様、発酵させなければなりません。

メロン

　メロンはカボチャの仲間です。交配種であることが多く、他家受粉するので、購入したメロンの種からどんなものが育つかは、まさに「やってみなければわからない」状態です。けれどほかのいろいろなことと同じで、場所さえあれば、何ができるかを確かめるためだけに植物を育てるのも楽しいでしょう。突然変異のメロンができましたか？　ぜひ私も仲間に入れてください！

　種を蒔く前に、種についた果肉をきれいにとらなければなりません。それには、トマトの種と同じように発酵させます（p.86-87のやり方を参照してください）。ただしメロンの場合は、通常最初に、種や果肉の混ざったものにある程度の水を加える必要があります。発酵には十分な水分が欠かせず、メロンはトマトに比べると水分が少ないからです。

土や水で種から栽培する

メロンの栽培

　メロンを栽培するなら、ガーデンフォークと、最低でも120×370cm程度の屋外スペースが必要です(つるがぐんぐん伸びるため、室内での栽培は難しいでしょう)。これだけのスペースがあれば、4-8粒ほどの種を蒔くには十分です。種蒔きは、土が温かく、状態がいいときに行います。トマトの種を蒔くとき一緒に行ってもいいでしょう。

1. 種を蒔く場所の土を、ガーデンフォークかカルチベーター(鍬)で耕します。

2. 耕した土の一部を使って、高さ15cmほどの畝をつくってください。

3. 畝の上に3-4粒、5-8cm程度間隔をあけて種を蒔きます。畝と畝の間隔は栽培する品種によって異なりますが、これは保存しておいた食料品店のメロンの種からではわからないかもしれません。そこで、あまりにもたくさんつるが伸びてきたら、何本か引き抜いてください！

4. 種を蒔いたらすぐに、たっぷり水をやります。

5. 土の湿り具合を定期的にチェックします。つねに均一に湿った状態になっているようにしてください。ただし、決してびしょびしょにはしないこと。

6. 植物が成長している間は、月に一度肥料を与えます。[a]

こぼれ話

カンタロープは、熟したときの強い香りから、「マスクメロン(麝香メロン)」と称されることもあります。

メロンは実が大きくなり、つるが長く伸びます。庭で育てるなら、つるがはびこっても大丈夫なだけの十分なスペースを確保しましょう。

どんどん育てて収穫しよう！

　メロンの種を蒔くと、ドキドキする結果が待っています。収穫のタイミングを見極めようと思ったら、親植物を知り、その「収穫日」を調べるのが一番です。小さいメロンがたくさんなっているなら、定期的に１つとって味見をするのもいいでしょう。種を蒔いた時点では、どんなものができるかわからないので、おいしいかもしれないし、そうではないかもしれません——まずかったとしても、とりあえず栽培の練習ができたことをよしとしましょう。

栽培情報

マスクメロンは、網目模様の下の皮が灰緑色になってきたら収穫の時期です。

トウガラシ

　トウガラシには何百という種類がありますが、いずれも"*Capsicum annuum*"という品種から派生しています。何百年にもわたって栽培されている植物です。さまざまな医療目的にも用いられ、キッチンでの用途も多彩です。

　スパイシーなものと甘いものがあります。最もよく知られているトウガラシの1種ピーマンは、実が熟しきらないうちに収穫するので、種も成長しきってはいません。実際、店で購入するトウガラシのほとんどが完熟していないので、種をとっておいて使うことは難しいでしょう。したがって、完熟したトウガラシの種を手にするなら、市販の袋に入った種を蒔くか、苗木を植えて自分で育て、食べる分をのぞいた実をいくつか、完全に熟してしわしわになるまで収穫せずに残しておくのが一番です。そこまで熟したら、種をとりだし、ペーパータオルの上に広げて乾燥させましょう。

トウガラシの栽培

　鉢用土、育苗トレイか植木鉢、受け皿、プラスチックの蓋かラップ、支柱か柵、麻ひもかビニタイを用意します。

　夜間の気温がつねに21℃を超えるようになってきたら、屋外に植えます。トウガラシは暑い気候を好みますから！

1. トレイか鉢に土を入れます。

2. トレイであれば、1つの仕切りに2粒ずつ種を蒔きます。鉢の場合は、最低でも8cmほど間隔をあけて、2粒ずつまとめて蒔いていきましょう。

3. 上から軽く土をかけて、種を覆います。

4. 土に水をかけます。軽く絞ったスポンジよりももう少し湿らせてください。水をやることで種の外層（種皮）が膨らみ、植物に成長のときがきたことを知らせる一助となります。

5. トレイか鉢をプラスチックの蓋かラップで覆い、土が湿った状態を維持します。

6. トレイか鉢を明るい間接光のある、暖かい場所に置いてください。グロウライトがあればなおいいでしょう。

7. 芽がでてきたら覆いを外します。 a

8. 土の湿り具合を定期的にチェックします。つねに均一に湿った状態になっているようにしてください。ただし、決してびしょびしょにはしないこと。

9. そのまま、本葉が少なくとも3-4枚でるまで成長させます。それから寒さに慣れさせ、庭に植え替えるといいでしょう。

どんどん育てて収穫しよう！

　収穫できるトウガラシと食べられるトウガラシは別物です。緑色のトウガラシは、ほとんどが収穫して食べられますが、苦味があるかもしれません。いろいろな種類のトウガラシが、熟したらどんな色になるかを記憶やノートに残しておき、その色になったら収穫しましょう。

トウガラシの表面にしわが寄ってきたら熟した合図ですから、いつでも収穫して、種をとっておいて大丈夫です。

こぼれ話

トウガラシの辛さを計るのに用いられるのがスコヴィル値です。トウガラシに含まれている、辛味をもたらす化学物質の濃度を計測します。最低が0（パプリカ）で、最高は3200000（キャロライナ・リーパーとドラゴンズ・ブレス）です。すごいっ！

栽培情報

トウガラシを扱うときは手袋をしてください。また、決して目を触らないこと。私はこのことを身にしみて実感しています。何度か痛い思いをしたので。

たくさんの実がなっているリンゴの若木。

果樹の種

　種の中には、冷たく湿った状態を体験させなければいけないものもあります。これを「冷湿処理」と言います。自然界では普通に見られることで、収穫されない種は、秋になると地面に落ち、そのまま冷たく湿気の多い冬をすごし、春になって芽をだすのです。

　種皮に傷をつけるといった「種皮処理」を施さなければいけない種もあります。これは、種が動物に食べられ、消化管をとおって排出される場合に見られることです。つまり、種皮を分解する動物の胃酸のかわりに、人が種皮をとりのぞいたり、種皮に少し傷をつけたりするのです。

　果樹はほとんどが、このいずれか、もしくは両方の処理を必要とします。

土や水で種から栽培する

リンゴとナシの種

リンゴとナシも、柑橘類と同じで接ぎ木になる果実なので、リンゴの品種であるグラニースミスの種を蒔いても、グラニースミスはできないでしょう。まあ、必ずリンゴはできますが！

リンゴとナシの種は、簡単に集められます。実からとりだして、まわりについている果肉をきれいにとりのぞけばいいだけです。それから洗って、乾かしてください。そして、1月か2月になるまで冷乾所に置いておきます。

発芽前に必ず冷湿処理を施します。自然界で起こることをまねた行為です。木から落ちたリンゴは、そのまま地面の上で冬をすごします。あるいは動物に食べられ、消化されない種が排泄されて、冬の間ずっと地面に放置されている場合もあります。いずれにせよ、こうした寒く湿気った時期をへてはじめて、種は芽をだすことができるのです。それと同じ状況を、自宅で再現する方法をご紹介しましょう。ピートモス(園芸用品店で入手可能です)か細断したペーパータオル、ガラス瓶を用意してください。

1. ガラス瓶の中で種とピートモスか細断したペーパータオルを混ぜ、水を加えて、(軽く絞ったスポンジ程度に)湿らせます。

2. 瓶に蓋をして、冷蔵庫に入れます。

3. 最低でも2カ月間、あるいは春の終霜後までそのままにしておいてください。

これでようやく、種を蒔けます！ どの果樹にも、十分な日光と、適度に湿った水はけのいい、わずかに酸性の土が必要です。屋外で栽培するなら、最初は鉢で育て、60-90cmくらいになったら地植えにするといいでしょう。

核果の種

サクランボやモモ、ネクタリン、プラムといった核果も、冷湿期をへないと発芽しません。さらに、発芽を早めるには、かたい内果皮を割る必要もあります。そこで、前述したリンゴやナシ同様、冷湿処理を施したら、蒔く前に、ナットクラッカーで内果皮をそっと割ってください。その際、種を完全に潰してしまわないよう気をつけましょう。さもないと、種の中にある胚芽まで潰してしまい、きちんと発芽する可能性が低くなってしまうからです。

モモのかたい内果皮を割るには、ナットクラッカーが必要です。

果樹の種の栽培

鉢用土、植木鉢、受け皿、ナットクラッカー、じょうろを用意します。

1. 冷湿処理後に種を蒔きます。冷湿処理は、冷たく湿った状態を体験させることで休眠状態にある種を覚醒させ、発芽を促すものです（p.96を参照）。

2. 発芽中は土の水分チェックを忘れずに。土が完全に乾くことのないよう、つねに気をつけていてください。

3. 少なくとも15cmくらいになるまでは鉢で育てます。果樹は、屋内よりも屋外で栽培した方が、最良の収穫が得られるでしょう。 [a]

どんどん育てて収穫しよう！

　果樹が15cmを超えたら、屋外に植えるべきです。どんな果樹にも、水はけのいい土と、毎日最低でも6-8時間の日光が欠かせません。

　果樹は、害虫や病気を寄せつけないよう、特別な注意が必要です。成熟するまで育てたいなら、それぞれの品種に特化した、より詳細な情報を調べてください。

　種から育てる果樹が花や実をつけるまでには何年もかかることがあります。しかも、どんな花や実がつくかはわかりません。ただ育てることを楽しみ、花が咲いたら運がよかったと思いましょう。そして、実がなったら食べてみましょう。種からリンゴの木を育てれば、いずれその木を指差し、「これを種から育てたんだ！」と自慢できます。

こぼれ話

熱帯地域原産の果樹はおしなべて常緑樹ですが、寒冷地は落葉樹です。

栽培情報

ほとんどの果樹は、実をつけるためにほかの木と他家受粉する必要があります。が、その場合、開花時期が同じでなければなりません。これもまた、あなたがとっておいた種から実を得るのが容易にいかない理由の1つです。ただし、わずかですが、他家受粉をしなくていい木もあります——ネクタリンやモモ、サワーチェリーを試してみてください。

アボカド

　商業用果樹園で栽培されるアボカドの木は、柑橘類やリンゴをはじめとするほかの果樹と同様、接ぎ木されています。上部が既知の品種で、下部が台木です。柑橘類と同じで、種からアボカドを栽培すれば、際限なくアボカドを収穫できるのはもちろんですが、それ以上に、おしゃれな室内植物を自分の手で育てる楽しみを堪能できます。

　アボカドは、気温が－6℃までの環境であれば成長する、とても耐寒性のある品種です。どこで栽培しても、実をつけるまでには5-15年を要します。さらに、他家受粉できれば最良の結果をもたらしてくれます。つまり、アボカドの木は2本必要ということです。とはいえ、十分に成長したアボカドの木を2本もどうやって室内に入れたらいいのでしょう。運よく巨大な温室でもないかぎり難しいでしょう。また、種から2本の木を育てられたとしても、2本同時に花が咲くとはかぎりませんし、まったく咲かないかもしれません。

土や水で種から栽培する

あるいは、その２本の相性が悪い可能性もあり、そうなると容易に実はなりません。

　要するにアボカドの種は、実を収穫するためではなく、あくまでも楽しみのために栽培してください。では、その方法をご紹介しましょう。

アボカドの種の栽培

　ナイロン不織布層のあるスポンジ、つまようじ3-4本、グラスか丈夫なプラスチックのカップかバルブボトル、水、そして後日、植木鉢、鉢用土、受け皿を用意します。

1. 種をきれいにします。流水で種の周囲についている果肉をそっと洗い流せば、簡単にできます。こびりついている果肉を落とすのに必要なら、スポンジのナイロン不織布層を使ってもかまいません。[a]

2. 種の上下を確認してください。普通は上の方が細く、下の方が太くなっています。上はとがっていることもあります（種をとりだす前にあらかじめ上の方に印をつけておけば、上下の見わけが簡単につきます）。

3. 種の真ん中あたりにつまようじを3-4本刺します。必ず等間隔で刺してください。種をグラスに入れたときにしっかりと固定しておけます。[b]

4. グラスに室温の水を入れます。グラスの大きさは問いませんが、どのグラスでも必ず縁ぎりぎりまで水を入れてください。

5. 種の底部が水に浸かるようにして、つまようじを刺した種をグラスに入れます。

6. グラスを、直射日光の当たらない暖かい場所に置きます。バクテリアや菌類が繁殖して水が汚れないよう、1週間に一度程度水を換えてください。なお、入れ換える際は必ず室温の水を使うようにします。 c

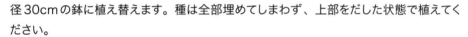

どんどん育てよう！

種の底部からは直根が、上部からはシュート（茎）が伸びてきます。上部が割れてくれば、もうすぐ茎がでてくる合図です。水耕栽培中は、直根や底部は決して乾燥させないでください。

茎が伸びてきたら、もっと明るい場所に移しましょう。

c

茎が15-30cmほどになってきたら、直径30cmの鉢に植え替えます。種は全部埋めてしまわず、上部をだした状態で植えてください。

土はつねに軽く絞ったスポンジ程度に湿らせておき、アボカドにはできるだけ自然光を当てるようにします。夏の間は外にだしておいてもいいでしょう。ただし最初の数日はある程度保護して寒さに慣れさせてください。吹きさらしの場所に移すのはそのあとです。

本来のアボカドの樹ではなく、あくまでも室内植物の大きさで維持するには、30-45cmほどまで伸びたら、半分に刈りこんでください。こうすることで、上ではなく横への成長を促せます。その後は先端を刈りこめば、サイズを維持できます。それでも、予定していた場所をはるかにこえて大きくなり、もうきれいに刈りこめなくなってきたら、思い切って新しい種を用意し、また最初からはじめましょう！

栽培情報

種は乾燥させないでください。果肉からとりだしたら、すぐに発根作業にかかります。もしくは、作業をはじめるまで、濡らしたペーパータオルに包んでコンテナに入れ、カウンターに置いておきましょう。

5

5章

株や茎、ヘタから
水耕再生栽培する

|||||||||||||||||||||||||||||||||||

夕食用に購入したロメインレタス1玉を最大限に活用したいですか？　では、再生栽培しましょう！　土に植えて再生栽培できるように、水耕栽培でも再生できる植物があるのです。土か水、いずれかを好む植物もあれば、いずれでもよく育つ植物もあります。水耕再生栽培の利点の1つは、発根状態を簡単に確認できることです。コンテナから引っ張りだすだけでもわかりますし、透明なガラスやプラスチックのコンテナを使えば、一目瞭然です。また再生栽培は、土よりも水の方が汚れも少ないでしょう。

　発根後は、土に植え替えてもいいですし、そのまま水耕栽培を続け、植物がライフサイクルをまっとうするまで収穫をするだけでもかまいません。土で栽培を続けた方が十分な見返りを得られる植物もあれば、水耕栽培で短期間だけ収穫し、収穫し尽くしたら堆肥の山に加える方がはるかに実用的な植物もあります。例えばリーキは、水耕再生栽培でもより大きなものを収穫できますが、レタスは概して、多少の新葉は収穫できるものの、すぐに花が咲いて、処分することになります。

　水耕再生栽培の利点は、さして手間をかけずにでき、それなりの収穫が得られることです。これはほとんどの植物に当てはまります。では、そのやり方を説明していきましょう。

とりあげる植物

- レタス（と、白菜などの結球野菜）
- セロリ
- ワケギ
- フェンネル
- レモングラス
- ハーブの水挿し
- パイナップル

**左から順に、レタス、サツマイモの挿し芽、セロリの水耕再生栽培。レタスとセロリは
株元をそのまま使って簡単に再生できます。**

株や茎、ヘタから水耕再生栽培する
|||||||||||||||||||||||||||||||||||

103

結球レタスの株元は捨てないでください。水に浸けて再生栽培しましょう！

レタス

　結球レタスは簡単に再生栽培できます。ロメインレタス、サラダ菜、グリーンやレッドのリーフレタスなどはいずれも、再生栽培にぴったりです。実質的に勝手に育つので、簡単にガーデニングで無駄をなくせます。1つのボウルやコンテナで、複数を同時に栽培することも可能です。もう一度根づかせるには、株元が残っているものや、根がついているものを購入するといいでしょう。

　結球レタスの再生栽培の場合、新しい根がでてくることもあればこないこともあります。いずれにせよ通常は、レタスの種類に応じて、1つの株から8-10枚程度の葉が収穫できます。再生葉はどれも、もとの葉ほど大きくはありませんが、サンドイッチに加えたり、サラダのかさ増しに使うには十分です。芯の底が腐ってくることもありますが、その場合は廃棄するか、堆肥の山に加えてください。

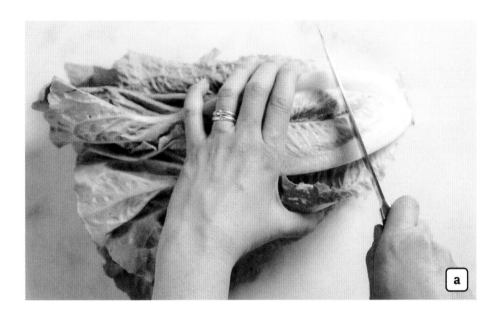

レタスの再生栽培

グラスかボウル、清潔で鋭利なナイフ、つまようじ（任意）を用意します。

1. グラスかボウルに3cm程度水を入れます。

2. 株元8cmほどを残して結球レタスをカットします。こうすることで生長点を確実に残しておけます。新葉がどんどんでてくるようにするには、生長点が欠かせません。[a]

3. **よければやってみましょう：** レタスの底部をグラスの底につけず、浮かせておきたいなら、底部から3cmくらいのところにつまようじを3-4本、均等に刺してください。つまようじがグラスの縁にかかり、レタスを浮かせておけるでしょう。

4. 株元を水に浸けます。株元を直接グラスに入れるにせよ、つまようじで浮かせておくにせよ、4cm以上は水に浸からないようにしてください。[b]

株や茎、ヘタから水耕再生栽培する

5. グラスかボウルを、明るい間接光の当たる場所に置きます。光が当たれば当たるほど、長く収穫できます。葉も大きく、青々としてきますし、よりおいしくなるでしょう。

6. 水は2-3日おきに替えてください。

どんどん育てて収穫しよう！

新葉がでてきたらどんどん切って、サラダやサンドイッチに使いましょう。花が咲きはじめるまで収穫できます。

発根したレタスを屋外に植えて、花を咲かせても楽しいでしょう。種もとっておけます。その種を植えてどんなものが育つかは、もとのレタスが自然受粉したものかF1（ハイブリッド）品種かによって決まってきますが、栽培サイクルをまっとうさせるのも面白いですし、食べられるものも収穫できます――いささか意外なものかもしれませんが。

こぼれ話

レタスは地中海地方原産です。芯が太く、葉先のとがった品種が、古代エジプトの墓の壁画に描かれています。こうした古代のレタスの近縁種と言われているのが、今日食べているロメインレタスです。結球が早いクリスプヘッド型レタス、あるいは、私たちが「アイスバーグレタス」と呼んでいるものが作出され、流通したのは1941年のことでした。「グレートレーク」というクリスプヘッド型の品種は、今日でも栽培されています。

栽培情報

レタスは「長日」植物です。夏になり、1日の日照時間が12時間を超えると花をつけはじめます。花が咲けば、種を収穫できるでしょう。また、冷涼な気候を好むので、暑さでトウ立ちすることがあります。再生栽培したレタスを屋外に植えるなら、晩春か初夏にしましょう。種を収穫できる可能性が最も高くなります。

再生栽培したいなら、株元まできちんとあるセロリをまるごと購入しましょう。

セロリ

　セロリも、簡単に再生栽培ができます。あなたが購入するセロリは、根がついているかぎり、まだ生きています。そして、茎の中に埋まっている生長点から、簡単に再生していくのです。ただし、私たちが茎だと思って食べている部分からは再生栽培はできません。それは茎ではなく葉柄で、葉柄から芽が育つことはないからです。

　セロリは、スープやキャセロール、サラダなど、多くの料理に欠かせません。また、カロリーの低さでセロリにかなうものはそうはないでしょう。再生栽培すれば、新葉の香りが、もともと購入したものよりはるかに強いこともわかると思います。

セロリの再生栽培

グラスかボウルと鋭利なナイフを用意します。

1. グラスかボウルに3cm程度水を入れます。

2. 株元8cmほどを残してきれいにカットしましょう。中央から新葉がでてきます。[a]

3. 株元を水に浸けます。4cm以上は水に浸からないようにしてください。[b]

4. グラスかボウルを、明るい間接光の当たる場所に置きます。光が当たれば当たるほど長く収穫でき、新葉も青々としてきます。

5. 水は数日おきに替えてください。セロリの再生栽培では、この工程は欠かせません。替えずにおくと、水が濁って臭くなってきます。

6. 新葉を楽しんでいる間は、きれいにしておくためにも、残っている古い葉が腐ってきたらすぐに摘みとってください。

栽培情報

セロリは冷涼な気候を好みます。屋外で再生栽培したいなら、春から秋の間に植えてください。晩夏に植えれば、霜が降りる前の晩秋には、これ以上ない収穫ができます。

こぼれ話

セロリにまつわる言い伝えです。セロリがブラッディ・マリーに欠かせないのは、せっかちな人が、バーテンダーからマドラーをもらうのを待ちきれなかったためだ、と言われています。その人は、マドラーのかわりにセロリを使ってかき混ぜたそうです。真偽のほどはともかく、今日ではセロリのないブラッディ・マリーなど考えられません。

どんどん育てて収穫しよう！

　発根してきたら、土に植え替えてもかまいません。株元が半分ほど隠れるように埋めてください。新葉がでてきたら、地表にだしておいた部分も、盛り土をして埋めます（ミバエも寄ってこなくなりますし、何より見た目がきれいです）。

　セロリはとにかく水をよく吸いますから、つねに土が湿っているようにしてください。ただし、決してびしょびしょにはしないこと。必要に応じて新葉を収穫してかまいませんが、全部摘みとらず、必ず少しは残すようにします。さもないと、もうそれ以上新葉がでてこなくなるからです。ある程度すると、中央から花柄がでてきます。そのまま成長させて、花を咲かせましょう。そうすればセロリの種が収穫できますから、とっておいて調理に使えます。また、種からの栽培に挑戦してもいいでしょう。

発根してきたら、鉢に植え替えるか地植えにして、さらに育てていきます。

株や茎、ヘタから水耕再生栽培する

ワケギ

　ワケギはどんなレシピにも風味を添えてくれます。けれど、割高なことが多く、えてしてすぐにしおれて傷んでくるので、キッチンで栽培し、いつでも新鮮なものがさっと使えるようにした方がいいでしょう。

　ワケギはたいてい束で売られていますが、1本1本が独立した植物です。根は底部から伸び、上部には白く緻密な茎と葉があります。ワケギの水耕栽培は、土で栽培するのと同じくらい簡単です。水耕栽培で発根してきたら、土に植え替えてもいいでしょう。より長く収穫が楽しめます。もちろん、最初から土に植えて栽培してもかまいません。直接土に植えるやり方は、p.68で説明した、リーキを土に植えて栽培する方法に倣ってください。ここで紹介するのは水耕栽培のやり方です。おそらく土の場合より手軽にできます。

土で再生栽培したワケギです。いつでも食べられます！

ワケギの再生栽培

グラスかボウル、鋭利なナイフ、小石をいくつか用意します。

1. ワケギの準備をします。茎の下部（ほぼ白い部分）を3cmほど残して、緑色の上部を切り落とします。その際、底部に根がないと発根しないので、気をつけてください。[a]

2. グラスかボウルの底から1-2cmの高さまで小石を入れます。

3. グラスかボウルの底から1cmくらいの高さまで水を入れてください。

株や茎、ヘタから水耕再生栽培する

b

4. 小石の間に、3cmほど残しておいたワケギを配していきます。必ず、どのワケギも半分ほど水に浸かるようにしてください。b

5. グラスかボウルを明るい間接光の当たる場所に置きます。光が当たれば当たるほど長く再生栽培を楽しめるでしょう。

6. 水は2-3日おきに替えます。

どんどん育てて収穫しよう！

緑色の若い葉を収穫してスープに散らしたり、サンドイッチに風味を添えたり、サラダに加えてください。

残しておいた根つきの部分を鉢植えや地植えにすれば、より長い間収穫を楽しめます。ワケギは寒い時期に最もよく成長しますから、地植えにする場合は春か秋に行います。

こぼれ話

南北戦争さなかの1864年に発された、アメリカの将軍ユリシーズ・グラントの有名な言葉があります。「（ワケギの仲間である）タマネギがなければ、私は決して我が軍を動かさない！」どの軍も食料の確保が難しい中、タマネギは、料理にはもちろん、薬としても用いられたのでした。

フェンネル

フェンネルはリコリスに似た味わいで、地中海のレシピでよく用いられる食材です。花や種まであますところなく食べられる植物で、あなたのスパイス棚にも置いてあると思います。生のフェンネルを調理する際、よく用いられるのはシダ状の葉先かパリッとした株元（白い鱗茎）でしょう。

フェンネルは、セロリと同じように成長します。いずれの生長点も変形茎に包まれています。私たちが最もよく食べるのがこの変形茎です。再生栽培をするなら、鱗

フェンネルの鱗茎を半分に切ったところです。この鱗茎は、ご存知のように変形茎で、その中にある生長点がはっきりと見えています。

株や茎、ヘタから水耕再生栽培する

茎の底部まできちんとあるものを購入してください。

　今のところフェンネルは調理に使っていない、というなら、ぜひ再考してみましょう——再生栽培のフェンネルは、とてもかわいい観葉植物ですから。

フェンネルの再生栽培

　グラスかボウル、清潔で鋭利なナイフ、アルコール、つまようじ（任意）を用意します。

1. 鱗茎を底部から5cmほど残して、上部は切り落とします。　a

2. 発根用に使うグラスかボウルに水を入れてください。切りとった鱗茎は、半分程度まで水に浸けますから、つまようじを使って鱗茎をグラスの縁にかけておきたい場合は、グラスに水を満たすといいでしょう。鱗茎をボウルやグラスの底に置くなら、水は容器の底から2cmくらいまで入れます。

3. 鱗茎を水に浸けます（つまようじを使ってグラスの縁にかけておくなら、鱗茎の上面と底面の中間につまようじを刺してください）。鱗茎は、3cm以上水に浸からないようにします。　b

4. 容器を明るい間接光の当たる場所に置きます。光が当たれば当たるほど、切った鱗茎は長持ちし、より多くの葉を収穫できるでしょう。

5. 水は2-3日おきに替えます。

発根後は、鉢植えか地植えにしてさらに成長させてもいいでしょう。

こぼれ話

フェンネルはギリシャ語で"Maratho"と言います。ギリシャのアテネの南に位置する町マラトンは、そこで栽培されているフェンネル畑にちなんで名づけられました。マラソン競技の名前の由来は、このマラトンの町にあります。紀元前490年、侵攻してきたペルシャ軍をギリシャ軍が撃退した知らせを伝えるため、伝令のフィディピディスがマラトンからアテネまで約40kmを駆け抜けた話に基づいています。

どんどん育てて収穫しよう！

青々とした葉はよく使うけれど、かたい株元や鱗茎はちょっと……という場合は、葉だけ収穫して調理に使い、鱗茎はそのまま残して成長させましょう。

発根したり、シュートがでてきはじめたら、土に植えてもかまいません。その際は、鱗茎の上部を1cmほど土からだしておきます。その後、新たな茎が3-4本でてきたら、盛り土をして完全に埋めてください。

やがて花が咲き、種ができます。種は万能の食材です。開花時期が同じなら、同じ科の植物（ニンジンやディルなど）と他家受粉するので、収穫した種は、発芽するかしないかわかりません。したがって調理に使う方がいいでしょう。

栽培情報

フェンネルが好むのは水はけのいい、ほぼ乾いている土です。鉢植えか地植えで栽培するなら、水やりは土が完全に乾いてからにします。

ハーブを切って水に挿し、発根させるのは簡単で、わくわくします。

ハーブの水挿し

　ハーブは水挿しで発根させるのに最適です。もとの植物の一部を切るだけでできます。生長点のある茎を、先端まで含めて8-10cm程度切ったり、葉を数枚切りとったり、茎を根元から切ったりして水に挿します。茎は、やわらかくて、花のついていないものを探してください。庭に咲いているハーブから切ってくるなら、生き生きとした若い茎がどんどん成長してくる春か初秋がおすすめです。食料品店で購入したハーブをずっと活用したいなら、きれいな茎のものを買い求めます。さもないと、舌ざわりのよくないハーブを調理するはめになりますし、再生栽培の結果もかんばしくはないでしょう。

　再生栽培の工程は、ほとんどのハーブが同じです。以下に、再生栽培が簡単にできるハーブを挙げます。

- バジル
- レモンバーム
- オレガノ
- セージ

- パクチー
- ミント
- パセリ
- タイム

ハーブの水差し再生栽培

透明なガラス瓶（根が伸びていく様子が見られます！）、清潔な水、清潔なタオル、普通またはキッチン用のはさみ、ライゾール®かイソプロピル・アルコールを用意します。

栽培情報

絶えず新しいバジルを水に挿して発根させ、夏の間ずっと、丈夫なバジルを育てましょう。数週間地植えにしておいてから、先端を切り、室内で発根させます。

[a]

1. 発根用のガラス瓶を洗います。清潔なタオルで瓶をきれいに拭いてください（さもないと、バクテリアや菌類が繁殖して、ハーブが腐ってしまいます）。

2. ガラス瓶に室温程度の水を入れます。塩素の強い水の場合は、（蓋をして）2-3日おいてから使いましょう。

3. はさみをライゾール®かイソプロピル・アルコールで消毒します。

4. ハーブを用意します。下から5-8cmくらいのところまでについている葉をとりのぞいてください。そのあたりまで水に浸けるからです。葉は、葉元から切ります。[a]

こぼれ話

ご存知でしたか？ コリアンダーシードは、実はパクチーの種なのです。両者は同じ植物ですが、使う部位が違うため風味が異なります。パクチーを発根させて花を咲かせ、種を収穫したら、「コリアンダーシード」として使うことができます。

5. 流水の下で水切りをし、切り口を新鮮な状態に保ってください。

6. 切ったらすぐに水に挿します。 b

7. 瓶を明るい光のさす場所に置きます。ただし、午後の直射日光は避けてください。

8. バクテリアや菌類病が発生しないよう、水は2-3日おきに替えて、つねに清潔にしておきます。

どんどん育てて収穫しよう！

ハーブはどれでも、水に挿すと簡単に発根します。ただし、ハーブの種類によって発根に要する時間は異なり、4-5日のものから、最長で2週間かかるものまであります。ローズマリーやセージといった木質タイプの方が、やわらかいハーブよりも発根は遅くなりがちです。

ハーブは、1章で説明した2つのカテゴリに分類されます。短命の1年草もしくは2年草（パクチー、バジル、パセリ）か、多年草（ミント、セージ、ローズマリー）です。自分が育てているハーブがどちらのタイプかを知っておけば、先が見とおせます。

ハーブをしっかり育ててたくさん収穫したいなら、室内外のいずれで楽しむ場合でも、鉢植えがいいでしょう。新葉がではじめたら、すぐに収穫をはじめて大丈夫です。

やがて1年草のハーブは花が咲き、種ができます。その時点で1年草は基本的に寿命をまっとうしますから、あとは堆肥の山へ行くだけです。対して多年草は成長を続けます。冬の間は休眠するかもしれませんが、春になればまた葉をだします。

どのハーブも、日当たりのいい屋外でよく育ちます。

日の光がたっぷりさしこむ室内なら、バジルは簡単に再生栽培できます。

 ## 栽培情報

ハーブには十分な光が必要ですから、鉢植えにして室内で栽培するつもりなら、小さなグロウライトの設置を検討してみてください。設置しない場合は、新しいコンテナに植えたらすぐに、明るく日当たりのいい窓辺に持っていき、成長している間はずっと日の光を浴びていられるようにすることで、発根を促進できます！ 夏の間に新しく鉢植えにしたものは、そのまましばらく鉢で育て、後日庭に植え替えてください。庭に植え替える前に寒さに慣れさせるのは、季節を問わずいいことです。数日の間、風の当たらない、半分ほど日陰になっている場所に鉢を置いておき、それから庭に植え替えましょう。

株や茎、ヘタから水耕再生栽培する

パイナップルを買えば、1つで2度楽しめます。親株の実と、そこから成長してくる子株の実です。

パイナップル

　パイナップルの再生栽培は、食べられるものの再生栽培における至高の目標——生半可な気持ちでとりくんではいけないことのように考えられています。何度かくり返し挑戦しないと結果が得られないことが多々ありますから、1度やってみただけでうまくいかなくてもがっかりしないでください。

　パイナップルの再生栽培は、まったく同じものを再生させます。パイナップルはアナナス科の仲間で、その多くは、親株に花がつくときに新たな子株を成長させることで繁殖します。パイナップルの場合、使うのはヘタの部分です。最終的に花が咲き、よく知っているパイナップルができます（ただし数年を要する場合がありますが）。

　この再生栽培は、「頑張れば頑張っただけ見返りがある」ものです。小さなパイナップルがなっている親株を指差しながら、「これは、私が育てました」と誇らかに言えるでしょう。誰にでもできることではないのですから。

パイナップルの再生栽培

　鋭利なナイフ、グラス、つまようじ、鉢用土、直径20-30cmの植木鉢、じょうろを用意します。

1. パイナップルのヘタをとり、発根できるように準備します。片手で葉元を持ち、もう一方の手で実の部分をしっかりと押さえてください。[a]

2. 葉の部分をひねりながら引っ張り、実から抜きとっていきます。

3. 下の方の葉1/3ほどをはぎとって、ヘタを露出させます。[b]

4. 鋭利なナイフを使ってヘタの下半分を切り落としてください。その際、残ったヘタについている果肉もきれいにとりのぞきます。

5. 水を入れたグラスにヘタを入れます。ヘタの底部だけを水に浸けたい場合は、つまようじを使ってグラスの縁にパイナップルをかけておいてもいいでしょう。[c]

6. やがてヘタから発根し、新葉もでてきます。根と葉がでてきたら、鉢に植え替えてください。植え替えは丁寧に行いましょう。また、実が育って食べられるようになるまでにはかなりの時間を要しますから、覚悟しておいてください。

株や茎、ヘタから水耕再生栽培する

どんどん育てよう！

　発根してきたら、鉢に植え替えます。根と、ヘタを底部から5cmくらいまで埋めてください。この時点で、枯れた葉や葉の一部を、きれいにをとりのぞいておくといいでしょう。

　やがて中央から新葉がでてきます。水耕栽培から土に植え替えるまでに最大9カ月かかることがあります。実がなるまでには2年かそれ以上を要しますが、その間の成長を眺めるのも楽しいものです。パイナップルは、室内の明るい光がさしこむ場所で栽培してください。夏の間屋外にだしたい場合は、風の当たらない、日陰になった場所で数日寒さに慣らしてから、日光の下へ移動させましょう。

パイナップルを再生栽培すれば、いつでも話の種にできるでしょう。

参考文献

This book is meant to be used as a reference to help you get started growing things you have on hand. To go to the next level and grow a larger garden outdoors, you'll want some more references. Here are some of my favorite books for growing an outdoor garden.

Beginner's Illustrated Guide to Gardening: Techniques to Help You Get Started,
by Katie Elzer-Peters. Cool Springs Press, 2012.

Container Gardening Complete: Creative Projects for Growing Vegetables and Flowers in Small Spaces, by Jessica Walliser. Cool Springs Press, 2017.

DIY Projects for the Self-Sufficient Homeowner: 25 Ways to Build a Self-Reliant
Lifestyle, by Betsy Matheson. Cool Springs Press, 2011.

Foodscaping: Practical and Innovative Ways to Create an Edible Landscape,
by Charlie Nardozzi. Cool Springs Press, 2015.

The Home Orchard Handbook: A Complete Guide to Growing Your Own Fruit Trees Anywhere, by Cem Akin and Leah Rottke. Cool Springs Press, 2011.

Perennial Vegetables: From Artichoke to Zuiki Taro, a Gardener's Guide to Over
100 Delicious, Easy-to-grow Edibles, by Eric Toensmeier. Chelsea Green Publications, 2007.

Practical Organic Gardening: The No-Nonsense Guide to Growing Naturally,
by Mark Highland. Cool Springs Press, 2017.

Pruning, An Illustrated Guide: Foolproof Methods for Shaping and Trimming Trees, Shrubs, Vines, and More, by Judy Lowe. Cool Springs Press, 2014.

Raised Bed Revolution: Build It, Fill It, Plant It ... Garden Anywhere!,
by Tara Nolen. Cool Springs Press, 2016.

索引

ACKNOWLEDGMENTS

I write books because I love writing books, and I'm so grateful to you, the reader, for picking this book up and, hopefully, having fun with it. Without readers, we don't need writers.

Many people have helped shepherd this book from an idea to a beautiful reality. Kirsten Boehmer, my photographer, has taken gorgeous photos of what can be, quite frankly, some ugly-looking kitchen scraps. I wouldn't have wanted to embark on this project with anyone else. Every writer needs editors, and I appreciate Alyssa Lochner and the copyeditors and horticultural editors who whipped my writing into shape. It's all just words until the art directors get their hands on everything and shape it into something you'd like to read and study, so we can all be thankful for them. I camped out many afternoons at Spoonfed Kitchen & Bakeshop in Wilmington, North Carolina, to write. They kept my tea glass full, played my favorite boy-band music, and let me raid their compost bin for kitchen scraps to regrow. (Kim and Matt, those are your beets!) As with all my work, I could never complete a book without the patience, dish-washing, and meal-fetching of my darling husband or without the support and love of my parents, Bob and Joy.

PHOTO CREDITS

Photography by Kirsten Boehmer, except the following:

Shutterstock, pages: 10 top, photosync; 10 bottom, Kazakova Maryia; 11, Rimma Bondarenko; 12, akiyoko; 13, Graham Corney; 15, zhekoss; 16 left, Vanitytheone; 16 right, sichkarenko.com; 17, lauraslens; 19, asadykov; 20 top, Africa Studio; 20 bottom, Bosnian; 27, Gary Perkin; 32, Kymme; 36, Lotus Images; 38, Swapan Photography; 39, PosiNote; 54, tamu1500; 55, marekuliasz; 59, JeepFoto; 61, tag2016; 62, Ishchuk Olena; 64, Rostovtsevayu; 65 bottom, polaris50d; page 72, Olya Detry; page 74, Mariusz S. Jurgielewicz; page 79, Garsya; 80, Iocrifa; 83, Cora Mueller; 85, Ivan Masiuk; 87, Swellphotography; 88, DenisNata; 89, Donald Joski; 90, Dean Stuart Jarvis; 91, tchara; 92, Anna Grigorjeva; 93, NataliaL; 94, Ilzira; 95, Catalin Petolea; 97 top left, Aleksandar Grozdanovski; 97 top right, fotocat5; 100 left, Subbotina Anna; 113 bottom, Viktor1; 119, Fausta Lavagna; 120, Dmitrij Skorobogatov; 122, Norrabhudi; 123, Viktoriia Drobotova.

Illustrations by Shutterstock/Ann Doronina and Shutterstock/mart

索引

著者：

ケイティ・エルザー・ピーターズ (Katie Elzer-Peters)

p.128「著者について」を参照。

翻訳者：

岩田 佳代子 (いわた かよこ)

清泉女子大学文学部英文学科卒業。訳書に、『ジェムストーンの魅力』『実用540
アロマセラピーブレンド事典』『心がおだやかになる自然風景100の塗り絵』『茶楽』
『ハーブバイブル』（いずれもガイアブックス）など多数。

No-Waste Kitchen Gardening

キッチンではじめる家庭菜園

発　　　行　2020年2月1日

発 行 者　吉田 初音

発 行 所　株式会社 **ガイアブックス**

〒107-0052 東京都港区赤坂1-1 細川ビル2F

TEL.03 (3585) 2214　FAX.03 (3585) 1090

http://www.gaiajapan.co.jp

Copyright for the Japanese edition GAIABOOKS INC. JAPAN2020
ISBN978-4-86654-027-6 C0077

著者について

　ケイティ・エルザー・ピーターズは、よちよち歩きのころからガーデニングに勤しんでいます。パデュー大学で国際園芸学士号を、ロングウッド大学院──ロングウッド庭園が行なっている教育プログラムの一環──およびデラウェア大学で国際園芸経営学修士号を取得しています。

　学業終了後は、アメリカ国内で園芸家、教育プログラムディレクター、庭園主任、造成担当者、植物園マネジャーとして働きました。本書の出版社であるクール・スプリングス・プレスでは、*"Beginner's Illustrated Guide to Gardening : Techniques to Help You Get Started"* *"Miniature Gardens : Design and create miniature fairy gardens, dish gardens, terrariums and more — indoors and out"* *"Mid-Atlantic Gardener's Handbook"* を含めて8冊の著作があり、菜園づくりについて書いた本も5冊を数えます。ほかに、多数のガーデニング本の代作、編集も行い、ランドスケープ・デザイナーズ協会の季刊誌 *"The Designer"* の編集長も務めています。

　ノースカロライナ州（比較的温暖な気候）にある沿岸の町ウィルミントン在住。夫や犬たちとガーデニングを楽しみつつ、ザ・ガーデン・オブ・ワーズ有限会社──造園業者に特化したマーケティングとPRの会社──を営んでいます。